The Yoga Face

顔ヨガ

しわやたるみが消える
究極の若返り術！

バベルプレス

目次

序章 *iii*

第1章 顔のフィットネスで若さを取り戻そう *1*

第2章 顔のエクササイズ *11*

第3章 顔に効果がある伝統的ヨガのポーズ *37*

第4章 癒しの手技 *85*

第5章 呼吸のエクササイズ *101*

第6章　声を出す　　　　　　　　　　　　　　　　　　　　　111

第7章　すべては気の持ちよう　　　　　　　　　　　　　　123

第8章　エクササイズの一連の流れ　　　　　　　　　　　　133

第9章　顔に栄養を　　　　　　　　　　　　　　　　　　　165

第10章　自然由来の化粧品とサプリメント　　　　　　　　　173

第11章　内面の美しさ　外見の美しさ　　　　　　　　　　　189

序章

通勤ラッシュ時に、人でごったがえす大都会の真ん中にいると想像してみてください。どこを見ても、鍛えられた体にデザイナーズスーツや体にフィットした服を身に付けた人ばかりです。でも、首より上を見てください。顔も同じように引き締まっているでしょうか？　それどころかしわやたるみ、つまりストレスや運動不足による不恰好な仮面が顔というキャンバスに張り付いているのではないでしょうか？

　顔ヨガの根本的な考え方はごくシンプルです。顔の筋肉も体の筋肉と何ら違いはないのです。首から下の筋肉を鍛えなければ、衰え、たるんでしまいますが、顔の筋肉も同様です。顔ヨガはエクササイズとストレッチがセットになっており、首から下の筋肉をジムで鍛えるように、顔の大切な筋肉を若い頃のように強く引き締めます。

　筋肉は動かせば引き締まります。逆らう力（つまり抵抗）があれば、強くなります。座ってばかりいると、筋肉は脂肪を貯めこみ、正常に機能しなくなりますが、顔の場合はた

るみ、はりが失われます。顔の筋肉は小さいのですが、体の他の部分同様、れっきとした筋肉なのです。健康的で引き締まり、美しくあるためには、引き上げ、はりを持たせ、引き締めることが必要です。体の他の筋肉と同様、活気を与えてくれる新鮮な酸素を要します。また、他の筋肉と同様、鍛えることができるのです。

　私はニューヨークのトップクラスのフィットネスクラブ兼ヨガスタジオで8年間講師をしていました。数年にわたり、受け持っているクラスの中で徐々におもしろいことに気づき、少し不思議に思うようになりました。ヨガスタジオの生徒さんたちは、複雑なポーズをいとも簡単に、流れるようにこなしていきます。私の合図に従って、全員ぴったり呼吸を合わせ、動いています。静かに、とても優雅に複雑なアーサナ（ヨガのポーズ）を取っていました。教室は若さと活力にあふれた生徒さんたちでいっぱいでした。
　でも彼らの顔を見ると、その顔には緊張とストレスの痕跡がいやが応にも表われていたのです。ダンサーのような体つきの若い女性はしかめっ面をし、教室の反対側には鍛えられた肉体の男性が眉間にしわを寄せてポーズに没頭していました。はたまた、別の女性は歯をくいしばり、唇をすぼめてポーズを保っています。彼らはまるで、ヨガのポーズを取りながら、体から放っている気力をすべて顔へと注ぎ込んでいるかのようでした。私は首から下のことばかり気にかけていたのです。それからは顔をリラックスして、ゆっくり息を吐き、顎を緩めるようにと言うようにしました。すると、彼らは顔の力を抜き、ヨガのポーズからより効果を引き出し、ずっと若々しく見えるようになりました。
　体に効くエクササイズの基本が、少しの修正で顔にも効くのかどうか考え始めました。ウェートを使うのは明らかに実践的ではありませんが、顔の筋肉にもその効果を引き出すことができるのではないでしょうか？　顔の筋肉を繰り返し動かし、脂肪を燃焼させたり、血流に酸素を多く取り入れることで、細胞、筋肉、組織を活性化し、日常的に自分が抱きがちな感情に反して、顔をこわばらせたり、歯をくいしばったり、さらにはしわになるような表情のくせをなんとかやめることはできないのでしょうか？
　私はヨガを取り入れて、顔のアンチエイジングを目的としたクラスを開設しました。生徒さんたちの体がヨガによって変わっていくのを目の当たりにして、ヨガによって顔を変

える手助けをしたかったのです。それに加え、顔の構造を徹底的に研究し、顔の筋肉を鍛えるエクササイズを自らやってみることにしました。

　私がかかわっていたヨガスタジオで、アンチエイジングと心を鎮めるのに効果的なヨガのポーズに的を絞ったワークショップを展開しました。ヨガでリストラティブと呼ばれるポーズと、俳優時代に発声練習で身に付けた顔の筋肉を鍛える訓練を組み合わせました。これらのエクササイズは、顎の緊張をほぐし、表情を作る唇、舌、歯を鍛えるためのものです。これらの動きは肌の調子を整え、顔の筋肉を鍛えるのに効果的です。また、ランニングやウェートリフティングなどを行うと体内で起こる乳酸燃焼が、わずかながら顔にも見られることがありました。ヨガのポーズと一緒にエクササイズを行うと、顔の老化のサインがみるみる消えていき、思わずうれしくなりました。

　このようなエクササイズをあれこれ試しているうち、舞台女優をやっていた20代の頃に学んだ発声練習を思い出しました。その中には、体内に取り入れたり、吐き出したりする酸素を増やすといった、とりわけ呼吸量に働きかけるためのものがありました。これらのエクササイズにより体が活性化し、その効果がすぐに肌に現れるのを実感できるでしょう。こうした発声練習の多くは、顎と顔全体のこわばりをなくすためのものでした。

　顔の体操をやってみて、顔に現れる老化の半分ほどは、こわばりのせいだということがわかりました。自分自身の顔だけでなく、いろいろな人の顔をじっくり見てきましたが、長い間何度も同じ場所に作られた顔のこわばりによるしわもあれば、いやなことがあって無意識に顔をしかめたり、眉をひそめたり、しぶい表情をしたりしてできたしわもあります。これに気づいてからというもの、それは確信に変わっていきました。というより、自分が長い間行ってきたものを意識するようになっただけなのかもしれません。店のウインドーに映った私は、この上なく幸せな時でさえ、しかめっ面をしていたこともありますし、何かを考えこんで眉をひそめている自分の顔が地下鉄のドアに映っていたこともあります。けれども、顔のエクササイズを行っているほんのわずかな時間だけでも、顔から心配、恐怖、怒りの仮面をはずすことができるのです。意識的に緊張をほぐす訓練に顔のエクササイズの組み合わると、顔に現われる老化のサインを撃退するワンツーパンチになるということがわかったのです。

　このプログラムは私の自信にも深く影響してきましたし、これによって自分自身の肌の

未来にも希望を持つことができました。20代の頃、帽子もかぶらず、日焼け止めも塗らず、日光を浴びて散々遊びまわりました。カフェインも砂糖も好きなだけ摂っていました。夜遊びもしました。肌のことなどまったくおかまいなしでした。でも、そのつけが回ってき始めたのです。肌の専門家の多くは決まってこう言うでしょう。日焼け、栄養不足、運動不足によるダメージが肌に現れないのは30歳までです、と。このダメージに老化によるコラーゲンやエラスチン(結合組織の強さと弾力を保つ効果のあるプロテイン)の減少が加わると、30代になって多くの人がそれまでに経験したことのない顔のトラブルに見舞われることになったとしても不思議ではありません。33歳の誕生日に、私は眉間のしわを発見しました。意識して力を抜いても、しわはいっこうに消えませんでした。肌にはくすみやしみも見られました。しみだと思っていたものは、栄養の偏りが原因だったのかもしれません。それでもまだ、そうした警告サインをうかつにも無視し続けました。過去に受けたダメージをなかったことにする方法などあるはずがないと思っていました。肌について書かれた本にはそう書いてありましたから。特に素の表情をとらえた写真を見て、ただ愕然としました。そんな写真をじっと見ながら思いました。「自分が思い描いた姿にどことなく似ているこの人は一体誰だろう? 叔母ではないし。ああ、私だ! こんなに目の下がたるんでいるのに、どうしてヨガの先生だなんて言える?」一方、私は、生徒さんたちにヨガの精神として、受け入れること、執着しないことを説いていました。でも同じヨガの指導者の中にはせっせと顔のお手入れに励む人たちがいました。この人たちは、教室では、真の幸福は内にこそあると内面の満足を唱えながら、若く見せなければいけないというプレッシャーがあると私に本音を語っていました。彼らの見た目の若さはその成果だったのです。中には定期的に唇に何かを注入しふっくらさせている人さえいました。けれども私はそのような方法に頼ると顔の自然な動きが失われはしないかと心配でした。それは私が決して失いたくないものでした。

　私は心の平和と平穏を強く求めていましたが、まだ心の中で葛藤していました。仲間のひとりは、40歳になったばかりでしたが(これほどぞっとすることはありません)目じりのしわを取る手術を受けました。その結果に私は興味津々でした。2、3週間休暇を取り、彼女は仕事に復帰しました。3000ドルの手術後、目のまわりのしわは少なくなっていました。でも彼女は自分のしたことを明らかに恥じていて、手術は成功してもその代償

は大きいものでした。彼女は以前のようにうつうつとして、自分を責めていました。1年後、その不安のため、彼女の肌には、消そうとしたしわがまた戻ってきたのです。この事実を私はじっくり考えました。まずは、しわを生みだすような振る舞いを改めなければ、無意識に一日何百回も作られる表情癖は永遠に消し去ることはできないのです。要は、手術をして体重を減らしても、食習慣が変えられない人と同じです。問題は、表れた兆候ではなく、振る舞いそのもので、それを見直さなければいけません！

　私は自宅の鏡の前で、ヨガマットに座りながら、あるいは生徒さんが増える一方のヨガ教室でも、顔のためのプログラムをやり続けました。自ら実験台になって、自分の顔を無理せず変えることができた道具は何でも使ってみることにしました。すべて失敗したら、他の方法を考えるまでです。ヨガの教えに背きたくはなかったし、お金もかけたくなかったので、自然なやり方がうまくいくことを願っていました。指先で顔に圧をかけるという今までにない方法をマスターするのは難しく、顔の筋肉を緩めたり、重力に抵抗したりして鍛えるのに始めのうちは手こずりました。けれども、ある日練習を行った後、すぐに変化に気づいたのです。顔の血行がよくなり、顔色が明るくなり、たるみやシャーペイ犬（顔がしわしわの犬）のようなしわが減っていったのです。自分の顔の癖がだんだんひどくなっているのに気づいて、戸惑うこともありました。知らぬ間にこれほどしかめっ面をしていたとは夢にも思いませんでした（母が見せてくれた私が1歳の頃の写真は、すでに顎を片方の手のひらに置き、気難しそうに顔をしかめていましたが）。でも少しずつ、私の顔は新しく生まれ変わっていきました。私が行っていたやり方が実際に効いていたのです。

　私は、自分への、ヨガ仲間への、整形手術を考えている（あるいはすでに受けてしまった）すべての人への解答を見つけたのです。事前調査と努力により、マンハッタンのヨガスタジオで、大盛況の中、単発のワークショップを行いました。反響はすごいものでした。生徒さんたちは、老若男女を問わず、顔に現れる老化の兆候が目に見えて無理なく減っていくのを見て興奮しているようでした。このワークショップはニューヨークヘルス＆ラケットクラブの週1回の常設クラスとして花開きました。

　顔のエクササイズを行うためには、誰しも練習が必要です。これまで無意識にしか動かしてこなかった小さな顔の筋肉を意識的に動かすことをマスターするのは、簡単なことではありません。けれども練習すればすぐに、顔の筋肉を自由に動かし、意識的に顔のエク

ササイズを行うことに長けてきます。数週間で目に見えて結果が表れます。生徒さんたちは、見た目も、気持ちも若く、積極的で魅力的になりました。あきらめていたけれども、力がみなぎってきたと言ってくれました。あれこれ悩んでいた人も、他に選択肢があることがわかってきました。それらは、表面的なものに留まらず、その根本から変えていくものなので、安全で、自然で、効果的なのです。

この最初のワークショップ以降、顔ヨガは競争の激しいニューヨークのフィットネス業界で最も人気の高いクラスのひとつになりました。この2年間、やり方に一層磨きをかけ続けてきました。そして、みなさんの強い要望にお応えして、顔ヨガのやり方を1冊の本にまとめました。これこそが究極の自然の美容整形だと言えます。

顔ヨガは奇跡の治療法ではありません(それに近い効果はありますが)。結果重視のプログラムであり、やればやるほど成果が出ます。顔ヨガには顔のしわを少なくし、引き締める効果があり、それと同時に元気になり、気分もよくなります。歳を取らないとまでは約束できませんが、ヨガの教えを実践し、エクササイズを行っていけば、目に見えて老化を遅らせることができます。同時に、ストレスの緩和やデトックス、体と心の浄化など、ヨガの他のスキルも身に付けることができるでしょう。体の内側が穏やかに落ち着いてきますが、それは見た目にも現れます。人通りの多い通りのウインドーに映った姿や素の顔が映った写真を見て、驚いていただければ幸いです。

第 1 章

顔のフィットネスで若さを取り戻そう

　ヨガの大先生の顔は、見た目にも驚くべきものです。光り輝き、喜びにあふれ、明るいまなざしで、愛と思いやりに満ちています。そして目立ったしわがありません。そのような大先生に、年齢をたずねるとショックを受けるかもしれません。90歳にもなるというのに、びっくりするほど肌はすべすべで、しわがまったくないのです。

　年を取らない秘訣は何でしょう？　お菓子のプレッツェルのように体を捩じ曲げたり、腕で体を支えてバランスを取ったりしているからでしょうか？　実際、ヨガの大先生の多くはポーズの練習などほとんど行っていません。ヨガのポーズよりも、瞑想やお勤め、学習により多くの時間を費やしています。おそらく、大先生たちの若さの秘訣は、もっと別のところにあるのでしょう。

　それでは、スタイルのいい30代か40代ぐらいのアメリカ人女性を観察してみましょう。この女性はほっそりしていますが筋肉質です。健康そうで、自信ありげにさっそうと通り

を歩いています。日々、まじめに運動したり、あるいはヨガの教室に通ったりしているので、体は引き締まり、強くしなやかです。でも、彼女の顔を見たらきっとびっくりするでしょう。目の下はたるみ、肌はくすみ、額にはしわが寄っていて、しかめたような顔で魅力的とはいえません。鍛えていれば、若く見えるのではないでしょうか？

　両者は、まったく違ったライフスタイルの例です。ヨガの大先生の場合は、インドの伝統的な精神的アプローチを取り入れたもので、アメリカ人女性のほうはもっと西洋的で現代的なライフスタイルです。一概にどちらがよいとはいえません。なぜなら、両者ともそれぞれ特定の文化や環境によってもたらされたものだからです。沈思黙考、内省、受容という東洋の伝統的な精神は心を穏やかにします。一方西洋のアプローチはもっと活動的で、頭で考えるよりも体を動かすことに重きを置いています。そのため、まずは行動し、考えるのは後になることがよくあります。

　現代の西洋社会では、絶え間なく動くこと、消費すること、そしてこれらの目標を達成するためにA地点からB地点へ突き進むことに重きを置いているように思えます。私たちは常に、ゆっくり過ごしたり、友人や家族に会うための時間を見つけたり、ただ基本的な欲求を満たしたり、与えられた日々の課題をこなしたりすることに努めています。このような生活は多くのストレスを生み出し、それが原因で様々な病気を引き起こしていることがわかっています。高コレステロール、心臓病、健康を害するような生活習慣（喫煙、暴飲暴食）、それに関連した病気（がん、肥満、高血圧）などです。ストレスは体に現れるだけでなく、繊細な感情を映す鏡である顔にすぐに現れます。

　ここ西洋では健康への取り組みさえ強迫観念になってしまいました。健康でなければならないという思いにかられ、きつい運動をしてしまうのです。今や多くの人々は、毎日、あるいは少なくとも週に3、4回運動をしないと、体がなまり、衰えてしまうと感じています。いろいろな意味で、誰もが、何かにとりつかれたように絶えず動き続けています。つまり、じっとしていることを拒み、最終的に死ぬことさえ拒否しているのです。少なくともむち打つように体を鍛えていないと、太りすぎたり、魅力的でなくなったりしそうで怖いのです。私も確かにそういう人たちのひとりでした。体重が増えたり、スタイルが悪くなったりすることへの恐怖から、激しいエクササイズをして疲れ果てていました。不思議なことに、ゆったりした気分でペースダウンすると、ほっそりしてきて、食事や運動も

無理強いする必要がなくなりました。なんと、表情が和らぎ、驚くほど若返ったのです。事実、顔ヨガを生活の中に取り入れてからは、私の顔はみるみる若返り、気持ちも落ち着き、生き生きとしてきたのです。

ジムやスタジオで今人気のヨガにも、健康に対する私たちの思い込みが反映されています。レッスンでは、へとへとに疲れ、まるでしごきのようです。「ヨガはよい運動ですか？」とよく生徒さんに聞かれますが、多くの人が呼吸法の指導をされないままヨガを習っていることを知ってショックを受けています。深い呼吸こそ、生命体のエネルギー（ヨガではプラーナと呼んでいます）が栄養を取り入れ、変化するのに不可欠なものであり、顔の老化に効く万能薬なのです。私がジムで教える時、生徒さんたちにヨガの起源や目的を説明する必要性を感じます。ヨガはもともと、一回の瞑想に何時間も費やした修道僧によって編み出されました。長時間座っていることで起こるけいれん、ガス、筋肉の凝りを解消する必要に迫られたのです。それでアーサナ（ポーズ）を考え出しました。ヨガという名称自体（連れになる、仲間に加わるという意味のサンスクリット語ユイという言葉から派生しています）が全体的で統合的なヨガのあるべき姿をよく表しています。現代の西洋人たちの多くは、長時間座りっぱなしです。じっくり考えることもなく、コンピューター画面の前で長時間作業しなければなりません。だからヨガが必要不可欠なのです。それでも、私たちは忙しく動き回ることにとらわれ、このストレスが如実に顔に表れています。

よくありたい、愛されたい、認められたいと思うあまり、驚異的なスピードと涙ぐましい努力でなんとか踏みとどまろうとします。あたかも人生そのものが順位を競い合うスポーツであると悟ったかのようです。私たちはひたすら疲れ果てています！　なかなか落ちない4キロにもがき苦しみ、お酒を飲み食事をして薬を服用し、買い物や娯楽で気を紛らわせていても不思議ではありません。完璧な体になるために一生懸命体を鍛えたのに、顔はしなびたプルーンのようになり始めたのはなぜでしょう？　どういうわけか顔のことを忘れていました。そして気づいた時には、そのダメージが取り返しのつかないものになっているのです。

顔の解剖学的構造

私が演劇学校で学んでいた時、授業の初日に舞台メイクの先生に、家に帰って自分の顔

をよく観察するようにと言われました。自分の顔のことがよくわかるまでじっくり触ることをすすめられました。平らな部分、輪郭、くぼみ、しわのひとつひとつを。20代だったので、たるみやしわを見つけた人はほとんどいませんでした。

　授業も終わりに近づいた頃、最高に魅惑的で啓発的なレッスンがありました。高齢者メイクです。顔をくしゃくしゃにしてしわを寄せるように言われました。しわはいろいろなところに現れ、それらのしわにメイクアップ用のブラシで1本1本黒く色をつけました。未来の姿を丹念になぞりながらわくわくしました。年老いたらどんな顔になるのかを目の当たりにして、心から謙虚になったことを思い出します。年齢によるしわのせいで、怒っているような、また心配しているような顔に見えました。なんと、あんなふうにはなりたくないと思うような顔になっていたのです。

　メイクの先生から、人は年を取るにつれ性格が顕著になることを学びました。これは、服の着方、歩き方、食べ方などに表れますが、年を重ねると、性格は他のどこよりも顔にはっきりと表れます。ずっと幸せで平穏に暮らしてきた人は、上向きにしわができる傾向があります。なぜなら、顔をしかめるよりほほ笑んでいることのほうが多かったからです。心配性の人は、繰り返し額にしわを寄せたり、顎や唇をギュッとかみしめたりして、無意識のうちに何度も何度もこの感情が顔に出て、ついには眉間にしわが刻まれ、また、人中（唇と鼻の間の溝）が伸び、しかめっ面になってしまうのです。私は心配性なので、つい額にしわを寄せてしまいます。このしわは、当時、授業で何度となく無意識に筋肉を動かしているうちに、すでに現れていました。けれども、しわのでき始めに顔をしわくちゃにして、そのしわを際立たせなくてはなりませんでした。

　またメイクアップのクラスで、老化とは基本的に体が衰えていく過程であることを学びました。重力の法則の影響で、すべてのものはたるみ垂れ下がり始めます。あいにく、若さの真っただ中にいたので、そんなことは気にもしませんでした。高齢者のメイクは最後には洗い落とすことができました。私は未来の自分を垣間見たのに、それをほとんど無視してしまいました。もっと早く老化の兆候を気に留めていれば。でも、そうしていたらこの本を書いていなかったかもしれません。

　顔の筋肉が垂れ下がり、たるんで老化が進んでいきます。しかし、この症状を引き起こすのは重力だけではありません。皮膚にはコラーゲンと呼ばれる繊維状のタンパク質が含

まれ、エラスチンという別のタンパク質と結合し、肌をふっくらとはりのある状態に保ちます。年を取ると、コラーゲンを作り出す力が低下し、肌のはりが失われてしまいます。エラスチンの生成が止まると、肌の弾力も復元力もなくなり、顔の老化が目立ってくるのです。自分自身の肌でこれを確かめてみてください。顔の皮膚を親指と人差し指で軽くつまんで、少しひっぱった後、さっと離してみてください。肌がどの程度元に戻るかをよく見て、その弾力性を観察してみましょう。それを見ると、コラーゲンとエラスチンがどれだけ機能しているかわかるはずです。

皮膚は極めて精巧な組織で、私たちの体を保護するさやのように体中を覆っています。外界からの刺激を感知し、温度など生命にかかわる情報を伝えます。皮膚は、熱の調整装置、つまりサーモスタットとして働き、私たちの体の内部を機能的なレベルの暖かさに保ちます。皮膚にはデトックス作用もあります。汗腺を通して、体の老廃物を排出します。皮膚はいくつかの層からできていて、皮脂（皮膚の表面を覆い保護する潤滑油）を分泌する脂腺、脂肪細胞、筋肉、神経、毛包、毛が含まれます。

顔の皮膚の構造は体の他の部分と同じです。皮膚の下は脂肪、筋肉、結合組織、骨という層になっていて、それらを包み込む保護層として機能しています。骨は顔の構造の土台であり、運動器官である筋肉が骨を保護しています。じっとしたままで長い間筋肉をあまり動かさないでいると、脂肪が増えて骨と皮膚の間の保護層にたまってしまいます。そうならないように、顔の筋肉を動かし、鍛えなければならないのです。

顔の筋肉は体の他の部分のように、さらに二種類に分けられます。自分の意志で動かせるところと動かせないところです。大きい筋肉ほど自分の意志で動かせる傾向にあり、筋肉によって、座る、立つ、走ることまであらゆることができます。けれども、顔の筋肉は小さいので、前に進めたり、何かをつかんだりすることはできません。顔の筋肉は感情を無意識に表し、独自の動きをします。しかし、心を抑制する訓練をすれば、無意識に動く顔の筋肉を意識的に動かせるようになるのです。

エクササイズがどれほど効果的か、誰もが知っています。だからこそ、エクササイズは首から下まででとどめておくべきではありません。顔の筋肉は、鍛えられた体にこれ以上ふさわしいものはないというくらい、色つやもよく、引き締まっているべきなのです。どうして顔のことを無視してしまうのでしょう？　私たちは顔の筋肉について考えてこなか

ったわけではないと思います。ただ、思い通りの結果を得るためのエクササイズの仕方を知らないだけなのです。それこそがこの本を生み出した理由です。調べたところ、世界中の至るところでさまざまな顔のエクササイズが行われていることがわかりました。ハンガリーからモンゴル、インドに至るまで、人々はなんらかの顔のエクササイズをしています。家庭環境がどうであれ、とっておきの顎引き締め法を教えてくれるおばさんやおばあさんがおそらくいるのではないかと思います。

　顔の筋肉は体の他の筋肉と同様、エクササイズをすれば効果が現れます。けれども、顔の筋肉を引き締めるためには、それらを鍛える方法を学び、実践しなければなりません。走った経験がない人は、まず1.5キロから始め、次は2キロと距離を伸ばしていくうちに、いつの間にか5キロのレースが走れるようになっているのです。これは反復練習と訓練を通して筋肉に覚えさせる継続的な方法です。

　顔ヨガプログラムを行うと、すぐに効果が現れます。顔の筋肉が鍛えられて、皮膚が引き締まります。垂れたり、たるんだりした部分はアップし、引き締まり、小じわや深いしわが薄く目立たなくなっていきます。さらに体全体を使ったヨガのポーズを行うと、新鮮な酸素が供給された血液が顔に流れ、肌に赤みがさし、輝きを増して、むくみ、毒素、くすみがなくなります。ポーズによって、また、ホルモンの働きが活発になり、バランスが整うので、若さが保たれ、老化を抑えることができるのです。ヨギのねじりのポーズで内臓から毒素を絞り出し、心と体が瞬時につながり、その通路である脊髄から、脳がより効果的に信号を受け取れるようになります。デトックスや神経伝達がうまくいくと、心と体、そして顔も若返るのです。

　顔ヨガプログラムの主な内容である、顔のエクササイズ、食生活、ヨガの手法によって、老化に対して目に見える効果を実感できるでしょう。そのうえ、自然で独創的、そしてお金もほとんどかかりません。輝くばかりの永遠の美しさを追求するのです。はりのあるつややかな顔から内面のきらめく光を放ちましょう。

　顔ヨガは、私の生徒さんたちの顔をびっくりするほど若返らせる効果がありました。驚くべき例がいくつかあります。

　ジャックは投資銀行の銀行員で、厳しい摂生のため、足をひきずらせ、体をこわばらせ

て、トレーナーとともに私のところにやって来ました。仕事の関係であちこち飛び回り、レストランで外食することが多かったのですが、その結果、腰のまわりの余分な肉と、つらい体の凝りに悩まされていました。彼の行動パターンは典型的なA型であると思われます。痛みなくしては何も手に入らない、つまり痛くならなければ効いていないという考えです。取引先のお客さんとワインを飲み続けて、日付が変わる頃にそのしっぺ返しが来たのです。翌日の早朝、トレーナーと一緒に、リフティングやランニングで汗を流してリフレッシュしていました。彼は強い意志をもって熱心に取り組んでいたので、私のもとにやって来た時には、すでに20キロの減量に成功していました。しかし、ほとんど歩くことができず、まして体を曲げることも容易ではありませんでした。もともと腰痛があるうえに、最近10キロも体重が増えていたのです。よく眠れず、ひどい食生活で顔が腫れてむくんでいました。ジャックはかなりストレスが溜まっているのではないかと感じました。

　始めのうちはときどき、ジャックにタダーサナ（基本的な立位のポーズ）で1回に5分、姿勢や呼吸を意識しながら立ってもらいました。最初に練習してもらったのは、この立位のポーズでしたが、なんとかできるようになりました。ただ、腰が硬くなりすぎていたため、脚を組んで座ることはできませんでした。けれども少しずつ楽に立てるようになりました。最後には脚を組んで座れるようになり、とうとうつま先にも手が届くまでになりました。立位のポーズをしているだけで、以前より楽に呼吸ができるようになったのです。そして、このように楽に呼吸をすることで、彼の顔も変化しました。顔色がよくなり、最後には顔のむくみも消え、肌もすべすべになりました。簡単な逆転のポーズを始めると、見た目が10歳も若返りました。何事も控えめにというやり方で、食生活を見直し、エクササイズをやりすぎないようにしました。その結果、今ではすっかり変わっています。

　リストラティブ（心身回復の）ポーズを始めたところ、ジャックの顔が前よりもっと明るく肌がなめらかになったことに気づきました。休息のポーズの中で、顔に指圧を施すと、驚いたことに、顔のたるみやぜい肉がなくなりました。顔の輪郭、特に顎と頬の部分がよりくっきりして、見た目がもっと若くなりました。

　マーシャは、驚くほど元気な外科の看護婦です。自分の体を大切にしているように見えます。50代前半ですが、元気な40代でも十分通ります。1年ほど前から私の教室に通い始め、以前より輝き、肌がみずみずしく、なめらかになりました。マーシャは医学の知識

と経験から、顔ヨガプログラムには科学的に根拠があり、実践すれば効果が表れるということを知っていました。顔ヨガのエクササイズを何人かの患者と一緒に続けているそうです。最近は映画業界で応急処置をする看護婦として働いていますが、女優やメイクさんたちに顔ヨガのコツを教えています。特にマリリンのエクササイズ（14ページ参照）が気に入っていて、見るからに唇がふっくらしてきたと確信しています。

リアーナは美しくクリエイティブな女性で、すぐにレッスンに夢中になりました。年齢は40前後の作家でデザイナーですが、体内時計が気になっています。子どもの産める年齢も限界に近づきつつあり、自分の体に起こっている変化を気にかけているのです。多くの現代女性と同じく、リアーナは自分のキャリアや人間的成長に専念してきたあまり、子どもを産むことをすっかり忘れていました。現在子どもが欲しいのですが、肝心の相手がいません。かなり神経が細いので、ときどき憂うつな気分になりがちであると思われます。そこで、感情を解き放つ顔ヨガが彼女の役に立ちました。表情を豊かにするエクササイズがとても気に入っています。吐く息とその音が気持ちを鎮めるのに効果があり、彼女はとても満たされた気分になります。レッスン中に思わず大笑いしてしまうこともあります。リアーナには顔ヨガの中でも表情を豊かにするエクササイズがはっきり効果を表しているのです。彼女のエネルギーには影響力があり、不機嫌そうな態度が明るく元気になりました。何かを心配しているような表情で、眉間にしわを寄せていましたが、今ではひときわ若々しく見えます。

次は、ロベルタです。美容業界のプロで、いつもびしっときまっています。私の生徒になったその年に大きく変わりました。ロベルタはもともとはつらつとして魅力的ですが、目の下にたるみがあり、すっかり意気消沈していました。「両脚を壁に上げるポーズ」（69ページ）や「下向きの犬のポーズ」（70ページ）のように、いくつかの簡単な逆転のポーズをしてもらったところ、その結果は目覚ましいものでした。目の下のたるみがなくなったのです。そして、目元を上げるエクササイズで目のまわりのしわは消え、カラスの足跡も目立たなくなりました。彼女は見るからにすてきです。それはつまり、私のプログラムを始めてからずっとがんばってきたという証拠です！

ジャンとダグは3年前に私のところに来ました。初めて彼らに会った時、体が健康なのに驚きました。二人とも専属のトレーナーについて運動していて、50代前半ですが、

20代のような若い人の体格をしていました。二人ともその魅力的な若さを保つことに関心があったので、ヒアルロン酸注入とボトックス（ボツリヌス毒素を使ったしわ取り）の注射をしていました。ある日ジャンは、コラーゲン注射のせいで、ほとんど口を動かすことができなくなりました。顔にあざができて、その結果、その晩遅くのパーティーの約束をキャンセルしなくていけませんでした。1日か2日後、彼女に会った時には、腫れがひいてあざも小さくなっていましたが、顔の表情はまだとぼしいままでした。そんなに苦しまなくても、顔のたるみを解消する何か別の方法をきっと見つけることができるのではないかと思いました。私と一緒に、きちんとヨガを行い、食生活を見直すことで、ジャンの顔の様子は変化し始めました。ジャンが顔の処置が必要だと感じ始めてから2年が過ぎましたが、今では、その頃よりしわがないように見えます。このようなうれしい報告ができるのは何よりです。肌は引き締まり、うつろな表情も消え、全体的に輝いています。

　ダグもこの方法で非常に効果をあげています。口や目、額のあたりのしわのせいでしかめっ面をしているように見えましたが、リラクゼーションや呼吸法を行ううちにそのような表情が消えました。その上、「頭立ちのポーズ」（71ページ）や「肩立ちのポーズ」（67ページ）といった逆転のポーズを行うことで、ホルモンの生成を促し、男らしさが増して髪の毛がふさふさしてきました。

　マウデは50代前半の魅力的なスポーツウーマンですが、彼女の顔には老化の兆しが現れ始めていました。唇は薄くなり、口元のしわが深くなっていました。そのうえ、眉間にしわがあり、実年齢より老けて見えました。私は顔のエクササイズの中からターゲットを「マリリン」（14ページ）と「びっくり顔」（31ページ）の2つにしぼりました。そして、「肩立ちのポーズ」（67ページや「両脚を壁に上げるポーズ」（69ページ）のような心を落ち着かせる逆転のポーズによって、明るくてリラックスした表情になりました。

　ベインブリッジ博士は70歳前後の公務員で、腰痛で私のところに来ました。いつも働きすぎるうえ、他人の手助けをしようと懸命になっているので、慢性的に体がこわばり、前かがみになりました。両肩にこの世の苦労を背負っているといった様子が、体に表れています。自分のことはそっちのけで他人を助けることで、彼はこれまで成功に満ちたキャリアを築いてきましたが、そのせいでひどい腰痛持ちになってしまいました。ストレスで首が凝り、無意識に顔をひきつらせ険しい表情になっていたのです。公共サービスに従事

する忙しい生活に対する体の反応でした。一緒にエクササイズを始めると、日々の生活の中で気前よくエネルギーを与えるだけでしたが、それよりむしろ、ペースを落としてエネルギーを受け取ることが必要だと彼は実感しました。ホルモンの働きを軽く刺激する「魚のポーズ」(72ページ)のようなリストラティブポーズをしてもらいました。そして、心拍数を整え、酸素をより多く受け取れるよう瞑想と呼吸法を教えました。その結果、レッスンを終えるごとに、顔がほんとうにリラックスして、すべすべになり、輝いてくるのを見てうれしくなりました。

　私のところに来た人たちはみんな、年齢も職業もまったく違っていますが、共通して根本的な問題をかかえていました。彼らは、もっと体の調子をよくしたい、もっと見た目に若くなりたいと思っていましたが、ペースダウンして、ストレスや顔の老化の原因に賢く対処すれば、こうした悩みは解消できるということを知りませんでした。彼らと一緒に顔のエクササイズ、心を落ち着かせる手法、心の解放を行ったところ、若返り効果はてきめんでした。さらに、リラクゼーション効果もあったというわけです。

　顔ヨガによって、顔の老化に対抗する楽しく、自分に合った方法を見つけていただきたいと思っています。本書をお読みになって、肌だけではなく、内面から若返るような生き方を見つけてください。これらの方法を実践して、顔だけでなく日々の生活にも効果があったかどうかぜひ確かめてみてください。肌も考え方も変わっているかもしれません。

第 2 章

顔のエクササイズ

　　あなたの顔は感情を表すキャンバスです。あなた自身を表しています。つまりラベルやロゴであり、あなただけのオリジナルです。自分の顔が好きでも嫌いでも、顔には考えや感情、印象がすべて表れ、瞬時にこうした内面を人々に伝えます。顔はまたアーカイブス、つまり感情の記録保管所のような役割も果たしています。そう考えると、年を取るほど、性格が外見に表れてくることにも納得がいきます。日々のストレスのせいで、眉を寄せる癖があるかもしれません。それはのちに、眉間のしわとなって現れるでしょう。あるいは性格上、自分の気持ちを表に出すより、怒りを飲み込む傾向があるかもしれません。その場合、顎に力が入り、肩が丸くなっています。同様に、怖いと感じると、しかめっ面になり、口角が下がります。どんなに感情を抑えようとも顔に出てしまうのです。

　試しに、通勤電車の中やレストランなど公共の場で、人々の顔を観察してみてください。彼らの顔を見ると、誰もが物思いにふけっているのがわかります。自分の顔がじっと見ら

れているとは知らない人たちの、無防備な表情は多くを語っています。人前にいることを忘れ、人はおもしろい表情をします。人の顔を見ていると、悲しみ、怒り、あるいは孤独感が表れていることにいつも驚きます。顔をしかめたり、緊張で顔をひきつらせたり、唇をすぼめたり、眉間にしわを寄せたりするのは、自分でも知らないうちに感情が顔に表れている証拠です。別に機嫌が悪くなくても、じっと考え込むことで、顔をしかめ、しわができていることがあります。そして、それを何度も繰り返すと、しわという形となり顔に刻まれることになります。でも、あきらめないでください！　顔に現れるものは自分で何とかできます。多くの人が顔は変わらない仮面だと思っていますが、実ははそうではありません。また、現在はりついているものも状況に応じて変わります。意識的に運動して鍛えれば、顔はいくらでも変えられるのです。美容整形外科医は、自分たちの仕事を彫刻のようなものだと言ってきました。実際、顔を素材とみなしている点では言い得て妙です。

　顔は変えることができます。前にも言いましたが、お店のウインドーに映る自分の姿に、はっとすることがたまにあります。そして、顔をゆがめ、しかめっ面をしているのを見てひどくショックを受けます。今では、日々の仕事に追われながらも、満足気にほほ笑み、自然な表情でいることができるようになりました。ウインドーに映る自分の顔を見ると、以前よりもっと穏やかな表情をしているし、簡単だけれど効果的な筋トレのおかげで、肌にもつやがあります。さらに、気持ちよくリラックスしているように見えるせいか、まわりの人たちもにこやかに接してくれ、すべてがスムーズに流れているような気がします。扉は開くのです。文字通りにも、また比ゆ的にも！

　顔ヨガを行うと、整形などしなくても、確実に顔を変えることができます。創造的な行為として考えてください。つまり、プロセスを楽しみ、顔というキャンバスに作品を作り出すようなものです。しわやしかめっ面ではなく、ほほ笑みや自然の表情でいるよう普段から意識して、顔の筋肉を徐々に鍛えていきます。そうすると、表情として定着していたしかめっ面も、こわばった筋肉を緩めることで表情がやわらかくなります。そして、効果的なツール、それこそが顔のエクササイズなのです！

　これから紹介するエクササイズは、顔のそれぞれの筋肉を鍛えるための一連の動きです。もちろん、自分の顔に一番必要だと思われるものだけ選んで行ってもかまいません。たとえば、眉間や額にしわができかけているなと感じ始めたら、この章の眉間と額のエクササ

イズを参照してください。もし、はりのある引き締まった口元にしたいと思われるなら、基本的には毎日、マリリンのエクササイズを行うとよいでしょう。もし首元や顎の部分を引き締めて、美しいラインを作りたいと思ったら、ベビー・バードのエクササイズ、もしくはこの部分を鍛える動きが含まれたものを行ってください。どのエクササイズも、顔のそれぞれの部分に合った動きを取り入れていますが、もし顔全体を最高の状態に保ちたいのであれば、一連のエクササイズを毎日行うことをおすすめします。一度マスターしてしまえば、すべてのエクササイズをするのに6～8分もかからないでしょう。顔の汚れを落とした後、軽く化粧水をつけて、肌をなめらかにしてこれらのエクササイズを行ってください。朝か晩に行うのがよいでしょう。どちらでもかまいません。これらのエクササイズを、ミュージシャンが喉の調子を整えようと毎日音階の練習するようなものと考えてください。あなたの場合は顔の筋肉を使って行うのです。これらの音階練習をもっと頻繁に行うと、顔の動きが機敏になり、この顔敏捷性が増すことで表情が豊かになります。このエクササイズは、顔の筋肉に働く一方で、感情を解き放つのにも効果的です。このように顔の緊張やこわばりをほぐすと若返りに即効性があります。

頬と唇のエクササイズ

1. サッチモ

　このエクササイズは、アメリカのジャズトランペット奏者ルイ・アームストロングにちなんで名づけられています。彼の頬や、トランペット奏者の頬を写真でよく見ると、年を取っても引き締まって強そうであることがわかります。これらの筋肉を何年も働かせることで、はりができたのです。息を吹き込むのに使われる筋肉は頬筋です（頬を引き上げてほほ笑むとできる「りんごのようなほっぺた」です）。あなたも頬の筋肉を鍛えれば、強くしなやかなものになるでしょう。トランペットを吹く時の、楽しく活気に満ちあふれたサッチモの顔を思い出し、あふれんばかりのパワーでみなさんも頬を引き締めてください。

やり方

　両方の頬に空気を入れてぱんぱんに膨らませる。その後、一方の頬からもう一方の頬へ空気を移動させる。息が切れるまで、頬の空気を行ったり来たりさせる。3、4回繰り返す。

2. マリリン

　このエクササイズは、口のまわりの筋肉を鍛え、強く引き締まった唇にします。気分も盛り上がります。あなたの前にいる大勢のファンに、愛情たっぷりの投げキスをするようなイメージで。

やり方

額をなめらかでしわのない状態に保ちながら、顔の筋肉だけを動かして投げキスをする。3、4回繰り返す。次に、2本の指に唇を押しつけ負荷をかける。唇をすぼめて指先で軽く押す。3、4回繰り返す。

3. スフィンクス・スマイル

さあ、自分の笑顔をよく見てください。ほほ笑みも、声を上げて笑った顔も、ずっと繰り返しているうちにしわができます。でも、鏡に映る自分のほほ笑みをよく観察すると、うっかり余計なしわを刻むくせを防ぐことができます。

やり方

口角を上げてほほ笑むが、目は動かさずに。リラックスして自然な笑顔になるようにする。長い間考え続けたなぞがようやく解けた時のように！　これを3、4回繰り返す。

このほほ笑みのイメージを筋肉にしっかりと覚えさせる。

4. 舌のトレーニング

　このエクササイズで、ふっくらした唇とはりのある頬になるでしょう。首や喉の調子もよくなります。顎をほぐす効果もあります。

　やり方

　口を「O」の形に開く。舌を出して唇のまわりをぐるりと一周する。今度は逆の方向へ回す。下顎を緩め、額と眉は自然な状態にする。3、4回繰り返す。

5. フィッシュ・スマイル

いろいろな局面で、有名人は自分の顔をよく観察するにちがいありません。その結果、カメラに向かって、ふくれっ面をしながらほほ笑もうと（ふくれっ面笑い）心に決めます。おそらく、パパラッチの前で、意識的にこうした顔を作っているのでしょう。その写真は、何百万人もの人たちの目に触れることを知っているからです。このエクササイズによって、頬と唇にはりが出て色つやがよくなります。これであなたもパパラッチに追いかけられても大丈夫！

やり方

唇を軽くすぼめながらほほ笑む。頬を引っ込めてすぼめると、頬にくぼみができる。このポーズによって頬骨が高くなっていることを確認する。4、5回繰り返すか、トータルで10〜15秒間行う。このようなポーズは習慣的にしないほうがよい。影響が出やすいので、鏡を見ながら行うとよい。また、頬の筋肉と同様に口のまわりの筋肉も鍛えることができる。

6. あやつり人形の顔

このエクササイズは、あやつり人形の顔にあるようなほうれい線などのしわを伸ばし消してくれます。ほほ笑む時、唇を引き上げる筋肉を鍛え、顎の動きをなめらかにします。

やり方

　ほほ笑みながら、ほうれい線など口のまわりのしわに指先を押し付ける。負荷をかけるため、指先でその部分を下へ押し下げている間、ほほ笑みを浮かべ、これらの筋肉を持ち上げる。20〜30回繰り返すと、血液の循環がよくなり、その部分がほんのり赤くなる。

7. 舌と喉を緩める

舌は、自由に体の外へ出すことのできる唯一の筋肉です。他のすべての筋肉のようにストレッチをして動きをよくする必要があります。このエクササイズを行う時、この大切な筋肉を鍛えることで、顔全体がかーっと熱くなるような感覚があればこのエクササイズが効いている証拠です。

やり方

　舌を突き出し、「アーー」と言い、そのまま60秒間キープする。他の部分はリラックスした状態のままでいる。涙が出るかもしれない。（これはうまくいっている証拠で、目に溜まっていた毒素が流れ出るためである）60秒間は長い？

8. 天井に向ってキス

　このエクササイズは、顎、首、喉を引き締めます。また、唇をふっくらさせ、口元を引き締めます。

やり方
　立った状態で、頭を後ろへ軽く傾け、天井に向ってキスをする。唇を突き出し、すぼめる。これを4回繰り返す。

顎、首、肩のエクササイズ

　下顎は上顎とちょうつがいでつながっていて、頭の骨の中で唯一独立して動かせる骨です。顎の靭帯と筋肉は自動車を動かすこともできるのです。また、ジャック・ラ・ランヌに至っては、小型のタグボートを引っ張るほど強靭です。顎は食べ物を噛むのに使われるだけでなく、話したり、表情を作ったりするのに使われます。顎の緊張によって、さまざまな不快な症状が表れます。たとえば、顎関節症による慢性的な歯ぎしりによって頭痛が起き、歯のエナメル質が失われ、歯がすり減って神経が露出し、その結果歯根や神経の痛みが生じ、口や唇、鼻と唇の間のあたりに、老け顔の原因であるしわができます。幸い、顎から緊張を解放する方法はいろいろあります。これらの方法を行うことで、苦虫を噛み潰したような顔に見える、歯のくいしばりや緊張から、顔の筋肉を解放することができます。次に紹介するエクササイズで顎をリラックスさせることで、顔がとてもすべすべして若々しく見えます。いくつかのエクササイズには音が含まれています。波動の中を移動する音によって微妙に緊張を解放することができるのです。

　発声練習を取り入れた顎の緊張をほぐす手法を行っている時、顔や頭の他の部分はできるだけリラックスした状態でいるよう意識してください。このエクササイズを行っている時、首を突き出してはいけません。下顎と同様に上顎や喉の奥のほうも緊張を緩めてください。

1. ウォームアップ／顎を緩める

　思わず顎を締め付けるのは、ストレスや緊張の印です。完璧でありたい、すべてを自分ひとりで抱え込んでなんとかしようとするA型の典型でもあります。ジョージ・C・スコットによって描かれた、有名なパットン将軍の肖像画の顔を思い浮かべてください。悲しみをこらえる時、その悲しみを飲み込むように顎をぐっと引き締めています。

　やり方

　このエクササイズでは、文字通り、すべてさらけ出してもよいと考える。上下の歯が離れるように、下顎を上顎から離す。舌の先端を下の歯の裏側に置く。まっすぐに伸ばした背骨の延長上に頭がくるようにする。両目は眼窩の中でリラックスさせ、顔もリラックスさせる。これが、顎を緩めるエクササイズを始める際の基本のポーズであると考える。指先を下顎に置いて、顎の動きをサポートする。

2. ハチの羽音

このエクササイズによって、顎の緊張が解放されると同時に、頬、唇、顎の筋肉が鍛えられます。振動を利用して緊張をほぐします。歯を噛み合わせた時に伝わってくる振動音に意識を向けてください。顎や頬の骨が共鳴し振動することで生まれる微妙な音の響きを意識してください。慣れてきたら、頭蓋のあらゆるところから音が響いてくるのがわかります。頭皮や頭蓋の底部からも響いてくるか確かめてください。音が響いていると感じる部分に手を置いてください。

やり方

鼻から息を吸い込んで、音を立てて噛み合わせる。顔全体の筋肉を使う。噛み合わせながら息を吐き出し、鼻から「ムーー」という音を響かせる。3、4回深呼吸して繰り返す。たとえば高く、そして低くというように、違った調子でいろいろやってみる。エクササイズを繰り返しながら、今度は、意味のない言葉をはさんでみる。噛みながら「なぜ」という言葉を使うと、感情を表に出す特効薬になる。時として抑えなければならない自己憐憫や劇的な感情を解放してくれるからである。さらに続けると、感情が表に出て、気分が盛り上がる。そして自分のことがすばらしいと思えてくる。

3. 口を大きく開けて「アーー」と言う

　おそらく、かなり緊張をほぐしたので、効果がすぐに得られるはずです。顎を締め付けるのは、表に出さない感情、特にタブーになっている怒りや悲しみの感情のせいです。急に泣き出したくなったり、誰かに心の内を打ち明けたくなったりしても、黙って言葉を飲み込まなければいけないとすると、表に出せなかった感情が、文字通り口の中に残ってしまうのです。

　こうした行為を繰り返すと、極端な場合、いつも歯をくいしばり、夜歯ぎしりをするようになります。これほどの顎の緊張を経験されている方は、ここで用いているエクササイズによって顎の緊張がかなりほぐれ、きっと喜んでいただけるでしょう。私は演劇の仕事をしながら、顎の緊張を何度も経験し、夜歯ぎしりもしましたが、病院でマウスピースを作ってもらい、それを使い始めると症状が改善しました。前よりずっとよく眠れ、すっきりと目覚めることができます。なお、チューインガムは控えてください。顎の緊張だけでなく、顔全体がこわばってしまいます。

やり方

　「ムーー」「アーー」「ムーー」「アーー」「ムーー」「アーー」と音を変化させる。「ムーー」と鼻から抜けるようにハミングし、口を開けて「アーー」と言うのを交互にやりながら、振動音の違いを意識する。「アーー」と言う時下顎を緩め、舌先を下の歯の裏側に付ける。こうすると顎の緊張が一層ほぐれ、無理なく発声できる。

　このエクササイズは緊張をほぐす効果が高いので、できるだけ頻繁に行ったほうがよい。数分で違いがわかる。

4. 胸の※チャクラを開く

　「アーー」という音を発すると、胸の中心にもその振動が響いてきます。「アーー」という音が胸のチャクラを開くと考えられているのは、おそらくこのためでしょう。安楽座のポーズ(スカーサナ)で頭蓋のてっぺんに左手を置き、胸の中心に右手を置いて「アーー」という音を発しながら意識を深める。できる限り顎を緩めて最高の音が出せるように、口が大きく開いているか、口の中で舌が緩んでいるか確かめてください。振動を十分に響かせるように、「アーー」という音を発しながら両手をすり合わせてください。2〜4回これを行った後、両目を閉じ、開いた胸の暖かさ、晴れやかさを味わってください。胸のチャクラが開くと、ふさぎ込んだようなやつれた仮面が、一気に晴れやかで明るく輝く女神の顔に変化します。

※文字通り言えば車輪のこと。ヨガの教えにおいて、会陰から頭頂部までエネルギーが集まる
　ところ。

5. ベビー・バード

このエクササイズは、顎、首、頬を引き締めるのに効果的です。顎の下のたるみを解消し予防することができます。

やり方

頭を後ろへ傾け、天井を見る。これだけでもリラックス効果がある。最初は、少し難しいかもしれない。上顎の裏側に舌の先を押し付けながら飲み込む。次に、頭を左へ少し傾け飲み込む。頭を右へ少し傾け飲み込む。それぞれの方向で3、4回行う。

6. 頭と首回し

　このエクササイズで緊張がほぐれ、やつれてさえない表情が消え、明るい肌色になります。また、首、喉、顎の調子もよくなります。

　頭や首の緊張をほぐすことで、顔というキャンバスの下準備ができます。この部分のこわばりをなくすと、頭が軽く感じられるでしょう。また、姿勢もよくなり、体全体によい影響を与えます。背骨が圧迫から解放され、腹筋はしっかりと背骨を支え、ほっそりとくびれのある体になるのです。首や肩に感じていた重荷から解放され、体も軽くなるでしょう。こわばってしかめたような顔も自然とほぐれ、結果として、しわが少なくなります。

やり方

　首の延長上に頭をまっすぐに置き、頭のてっぺんに銀の糸が付いていて、天に向かってその糸に引っ張られていると想像する。糸が伸び、背骨がさらに伸びる感覚を味わう。

　次に、顎で導くように、肩から肩へやさしく頭を転がす。動きは小さく慎重にする。小さく動かしてみて、首が心配なら半周だけ回す。

第2章　顔のエクササイズ

7. 下顎をつかんで揺らす

このエクササイズはかなり緊張をほぐすもので、まるでレモンを吸っているかのような、口元にしわのある人に効果があるでしょう。眉間や眉の上に気苦労のしわがある人にも効果的です。顎を解放することは、この部分に滞りがちな怒り、抑圧された願望、悲しみというとらわれた感情から解放されることでもあります。

やり方

（親指以外の）指を組む。親指を下顎の下、顎の奥のくぼみへ押し込む。取っ手を軽くつかむように、組んだ指を（人差し指を一番上にして）下唇の下に置く。下顎の力を抜いて押し下げると、顎が緩んだ状態になる。下顎をつかんで、組んだ指を上下に動かし、「アーー」と言う。これは、かなり顎の緊張をほぐすもので、こわばり具合がわかる。動きがスムーズでなければ、顎がかなり緊張している証拠で、このエクササイズはそんな方にはぴったり！　顎はちょうつがいなので、他のエクササイズを行い、顎をなめらかに動かせるようにする。たとえ今スムーズに動かせなくても、練習すれば、もっとなめらかに動かすことができる。焦らず気長に！
この動きを続けて3、4回、およそ2分間行う。

8. 首筋のストレッチ

このエクササイズは、首、肩、顎のストレッチで、首から頭にかけて軽くすることができます。よい姿勢で行うと、顎の下のたるみや二重顎が目立たなくなり、さらに予防にもなります。

やり方

座ったまま、左の指先を腰の左側から25センチくらい床に沿って動かし、左の指先を床の上に軽く置く。右腕を上に伸ばし、手のひらを右頰に向ける。その後、腕を右ひじで曲げ、右の手のひらで左耳をつかむ。頭をまっすぐにしながら右へ傾け、左耳に軽くサンドバッグのような重しを加える。このストレッチをもっとしっかりやりたい場合は、左の指先を（手のひらを下にして）左の腕の上部に置き、軽く押さえ付ける。サンドバッグの重みを増しながら、5～7つ数える間その状態を保つ。もう一方の側でも繰り返す。

額と目のエクササイズ

　心の窓とも言われる目が、残念なことに、ひどい目の下のたるみや目じりのしわで曇っていることがあります。窓枠も時には手直しが必要です。目のまわりは手抜きしたことがすぐにばれてしまいます。でも、あきらめないでください！　エクササイズをすることによっての目のまわりのデリケートな肌を若々しくすることができます。

1. 目玉の動き

　インドの古典舞踏であるカタックの踊り子たちは、バレリーナがrondes des jambes（片足で半円を描く動き）をするように、とても優雅にきっちりと目を動かします。このような目の動きは目のまわりの筋肉を鍛え、皮膚のたるみやカラスの足跡を予防したり、解消したりします。

やり方

　頭を背骨の上でまっすぐに保ち、まず目玉を左に動かし、次に真ん中、そして右へと動かす。顔や首は動かさない。ただ、横から真ん中、横へと目を動かすだけで、次に逆の方向から行う。わずかの間も視点を定めない。3回繰り返す。それから目を閉じ、鼻のほうに視線を向ける。

2. びっくり顔

　このエクササイズは、主に額をなめらかにし、しわをなくします。また、目のまわりの筋肉を引き締め、しわも解消します。前頭筋（頭皮とつながっているとても大きな顔の筋肉）を使うので、比較的簡単で、すぐにマスターできます。このエクササイズをした後、額がほんのりと赤みがさしているか確かめてください。そうであれば、血行がよくなっている証拠です。

やり方

　額にしわができないように注意しながら、びっくりしたように目を大きく開く。地平線をイメージし、線上の一点を5〜10秒間見つめる。4回繰り返す。

3. お釈迦様の顔

これはリラックス効果のあるエクササイズで、しわの原因となる緊張やこわばりをほぐしてくれます。地下鉄に乗っている時や車の中、あるいは病院の待合室などいつでもどこでもできます。このエクササイズを習慣にすると、顔がだんだん穏やかになるでしょう。

結局のところ、穏やかな心を育むには、まず穏やかな顔になることが大切なのです。顔は感情を伝えるもので、それをうまく利用すれば、外側から自分を変えることができます。つまり、気持ちが楽になるような顔をすれば、自然と心もそうなるのです。顔は見た目を完璧にする美しいアクセサリー、いわば王冠の宝石だと思ってください。仕事に出かける前に、このエクササイズをして、究極のアクセサリーである穏やかな顔を身に付けましょう。

やり方

他の顔のエクササイズの後、立ったままの姿勢、あるいは座った姿勢でこのエクササイズを行う。両目を閉じ、すべてのしわを伸ばすことに意識を集中する。眉間の一点に小さな虹色に光る輪を想像し、心の目でそれが広がっていくのを見つめる。集中できないと感じたら、眉間の一点に意識を戻す。同時に、心の中で顔の筋肉を伸ばす。1分から始め、2分、3分と延ばしていく。座った姿勢で行う場合、好きなだけ続けてもよい。

4. カラスの足跡、さようなら！

このエクササイズは、下まぶたのたるみを防いだり、解消したりするだけでなく、カラスの足跡（目尻のしわ）をなくす効果があります。

やり方

まず、ほほ笑む。次に、人差し指をカラスの足跡の上に置く。人差し指で押して負荷をかけて、下まぶたの筋肉を震わせる。この筋肉だけを動かし、他の顔の筋肉は動かさない。20回繰り返す。慣れてきたら40回行う。

5. 額のしわ取り

　このエクササイズは、頭蓋とつながる、額にある最も大きな筋肉である前頭筋を引き締めます。この筋肉を鍛えるのは、顔の小さな筋肉を鍛えるより簡単です。

やり方

　眉の上の筋肉を引き上げる（この部分を引き上げるとしわができる）。次に、それぞれの手の指先を1本使って、眉の上のしわをこめかみのほうへ伸ばす。こめかみのそばで手をしっかりと握りしめる。指先で負荷をかけながら、前頭筋を引き上げる。他の筋肉はできるだけ動かさない。指先で力を加えながら、できるだけ速く前頭筋を引き上げたり緩めたりする。一度に20回行う。もう一度繰り返す。このエクササイズをすると、血行がよくなり、肌にほんのり赤みがさし、明るくなっているのがわかる。

総合的に顔の緊張を緩める

1. ライオンの顔

これは顔のための伝統的なヨガのポーズで、あらゆる筋肉を引き伸ばし、心の緊張を緩めることができます。顔の筋肉をかなりきつく締めつけますが、心配しないでください。締めつけた後は大幅に緩めます。顔を締めつける時、どんな時に誰に対してストレスを感じるか想像してください。締めつけを緩めると、血行がよくなるのがわかります。エクササイズを終えると、肌がほんのり赤みを増し、輝いているでしょう。

やり方

鼻から息を吸い込み、握りこぶしを作って、酸っぱいレモンを吸った時のように、顔のあらゆる筋肉をぎゅっと締めつける。それと同時に、口から息を吐き、舌を突き出し、目を見開き、両手を広げる。3回繰り返す。

2. 早口言葉

これまでのエクササイズで、唇、顎、頬の緊張が緩むと、もっとなめらかに話せるようになります。早口言葉も楽に言えるでしょう。早口言葉は言って楽しむだけでなく、顔の筋肉をほぐす効果もあります。それぞれ5回ずつくらい言ってみてください。首を突き出したり、顔を緊張させたりしないように！ 慣れてきたらテンポを速くしてみましょう。

1. 「ニューヨークを知っている、ニューヨークが必要、ユニークなニューヨークが必要だと知っている」
2. 「桜咲く桜の山の桜花　咲く桜あり　散る桜あり」
3. 「歌唄いが来て歌唄えと言うが　歌唄いくらい　歌うまければ歌唄うが　歌唄いくらい歌うまくないので歌唄わぬ」

上記の早口言葉でなくてもかまいせん。知っているものを使ってください。

これらのエクササイズは、顔のフィットネスの基本です。エクササイズを地道に続けると、顔が違ってくるのがわかるでしょう。以前より引き締まり、はりが出て、リラックスしたように見えるからです。顎の緊張がほぐれ、内面も明るく穏やかになると、見た目も生き生きとしてきます。これらの簡単なエクササイズを行うことで、首や肩の緊張から解放され、その結果、首、肩、頭の位置が矯正され、気になる頬や顎のたるみ、そして二重顎を予防することができます。引き締まった、つやのあるなめらかな顔を手に入れるプログラムを知っているだけでも気持ちが楽になります。

第 3 章

顔に効果がある伝統的ヨガのポーズ

ヨガを始めると、顔が変わり始めました。どうしてかはっきりわかりませんが、見た目が若くなりだしたのです。ヨガの先生やヨガに熱心に取り組む知人たちは、自分の顔が変化していくのに気づいていましたが、誰も理由を説明することができません。顔がすべすべになり、若返っていくのはヨガの不思議な力によるもので、わざわざ調べる必要もないと決めつけているようでした。でもポーズを行うことが、顔にとてもいいと気づいてからは、もっとそのことについて知りたくなったのです。それもできるだけ早く！
そこで、顔の若返りのポイントごとに、系統立ててポーズを分類することにしました。まず、いろいろなことを調べ、自ら実践し、わかったことを生徒さんたちに試してもらい、顔がみるみる変化していく様子を観察しました。
　顔の老化は特別な原因だけで起こるわけではなく、さまざまな要因が絡み合って起こります。ですから、目に見える老化のサインはそれぞれ違う形で現れるし、現れる割合も違

います。その人の習慣や癖によって変わってきます。次にあげるのは顔の老化の主な原因です。

たるみ　コラーゲンとエラスチンは結合して肌の弾力を保ち、引き締めてくれるたんぱく質で、年齢とともに失われていきます。これらがなくなると、一般的に皮膚が垂れて、たるみを引き起こします。

しわ　肌の弾力がなくなるとしわが増えます。また無意識に歯を食いしばったり、しかめたりして顔の筋肉が緊張することもしわの原因になります。顔に表情癖がついてしまうと、いつの間にかその表情が刻まれ、仮面のように張り付いてしまいます。

色　血行が悪く、壊死した皮膚が老廃物とともに肌の表面にとどまると、肌はくすみ、黒ずんで、顔色が悪くなります。肌組織に老廃物がたまると、年齢によるしみや肌のくすみとなって現れます。

乾燥肌　過剰な老廃物が肌を乾燥させ（カフェイン、アルコール、砂糖による脱水作用を思い出してください）、そのため肌細胞が酸素を使い果たします。老廃物は肌の中にたまり、むくみの原因となります。肌がさらに乾燥して薄くなるのか、あるいはむくみが出てはりがなくなるのか、どちらになるかは補給する水分量にかかっています。

　これら顔の老化の4つの主な要因には、それぞれに合ったヨガの防御手段があります。それらは、色とそれに当てはまる要素に分類されます。この章にあるポーズの、色と要素のカテゴリーから、自分にとって最適なエクササイズを選ぶことができます。けれども実際には、すべてのヨガのポーズがそれぞれの要素のどれかに対応しています。顔の若返りをはかるポーズの中で、特に悩んでいる部分に対応したポーズを選ぶのですが、そうでないポーズにも広く挑戦していただきたいのです。顔の老化のいくつかは、気づかないうち

に肌の内部で起こっています。ここに示した問題のほとんどは、ごく一般的なものなので、問題が起きる前に取り除いておきたいものです。

　バンダと言うのは、ヨガのポーズや呼吸法を行う際に、体のさまざまな部分で行うエネルギーの締め付けのことです。人の体にはバンダを行う箇所がいくつかありますが、体の中にわずかなエネルギーの通り道を作るために使われます。ここにふたつの大事なエネルギーの通り道があります。ひとつはエネルギーを引き上げる道、もうひとつはエネルギーを引き下げる道です。体がバランスを失った時、下に向かって流れるエネルギーを上に向かって引き上げますし、その逆のこともあります。そうすると体は回復し、バランスを取り戻します。身体的な観点から見ると、バンダを行えば、エネルギーが高まり、ハードなエクササイズもできるので、その分効果も強く現れます。下に流れるエネルギーの方向を変えると、生命力（プラーナ）が高まるうえ、逆に流れることで、直接顔に効果が出ます。胸、肺、顔にたくさんの血液が流れ、血色もよくなり、活力が湧いてきます。肌の色と明るさが改善されるので、その効果が実感できます。また細胞がより活性化します。

　本書のエクササイズに出てくる、3つの主なバンダについて説明します。

ムーラ・バンダ　（「基底の」または会陰部の締め付け）

　このバンダは肛門と生殖器の間（会陰部）にある骨盤底にエネルギーを集めることで行います。女性であれば、膣筋をわずかに締め付けます。または肛門を締めると考えてもよいでしょう。

ウッディヤナ・バンダ　（「飛翔の」または丹田の締め付け）

　息を吐いた後、次の呼吸に移る前に、おへそより5センチくらい下の場所を引き上げて、そこをわずかに中に引き入れたまま保ちます。すると下向きに流れるエネルギーが引き込まれ、腹部のインナーマッスルが締まります。このバンダを行うと、体幹の強化にとても効果があり、特に、逆立ちのポーズ（66ページ）やカラスのポーズ（53ページ）など、バランスが必要な重力に逆らうポーズを行う時には有効です。また背骨を伸ばし、前屈を深めるのにもよい方法です。妊娠している方は行わないようにしてください。

ジャランダーラ・バンダ （「仕上げの」または喉の締め付け）

　他のふたつのバンダを行った後、最後の仕上げとして行うことが多いバンダです。胸を顎に向かって引き上げ、喉もとのくぼみにわずかに顎を落としてください。これはしばしば呼吸を止めて行い、体の下側から引き上げられるプラーナを封じ込め、保つのに役立ちます。このバンダを解放した後は、顔に赤みが差し、輝きを放ちます。そしてエネルギーが回復した感じがして、心がすっきりします。このバンダを行っている間は、頭が少しふわっとするように感じるかもしれません。

アーサナを行うための手引き

　一般的には体の右側は男性的、左側は女性的と考えられています。そのため初めてポーズを行う時には、右側から始めるのが伝統的なやり方です。それは右側のほうがはつらつとして元気がよく、左側は受容的で静か、という考え方に基づいています。最初に右側でポーズを行うと熱とエネルギーが増し、それに応じて余分なエネルギーを発散します。次に左側で行うと、体が落ち着き、荒々しくほてった体のバランスが整います。

　必ずしも正しいとは限らないのですが、体のどちらかが優位でより強い傾向があり、どちらかは不活発で柔軟性がある、という別の考え方もあります。ほとんどの人は右利きなので、左側は開放的でしなやか、右側は強くて柔軟性に欠ける傾向があります。ポーズを行っている時に、右側と左側に大きな違いがあると気づいたら、弱い側を強くするために、ひとつかふたつ余分に数えて、ポーズを長く保ってもかまいません。硬いと感じる側の柔軟性を高めるために、気持ちを鎮めるポーズ（前屈のポーズはどれでも）をしている時に、吐く呼吸をひとつかふたつ余分に数えてポーズを長く保ってもよいでしょう。よく観察しながらこのようなパターンで行ったり、私が示した方法に合わせて調整を行ったりしてみてください。一度バランスが整えば、あとは正しいバランスを得るために、自分で自由に調整してかまいません。

ポーズを行う時間について

　ふつう、ポーズは吸う息と吐く息を合わせて1回と数えて、5～8回呼吸する間保ちます。ただし、シャヴァーサナ（亡骸のポーズ）は例外で、これは休息のポーズなので意識的に呼吸に注意を払ったり、呼吸を数えたりすることは適切ではありません。おすすめしているポーズには、きっちりと決まった時間はありません。いくつかのポーズで特に効果があると感じられたら、心の赴くままに深くポーズを楽しみ、味わってください。つまり、バランスを追求し、ポーズを持続できる時間を意識していれば、ポーズの最中に心の平安が得られるということです。ポーズを行っている間、呼吸に注意を払えば、呼吸の癖や習慣への気づきが深まります。深くゆったりと呼吸ができないようなら、エネルギーを閉ざしてしまっている、あるいはポーズが与えてくれるものに抵抗しているということです。もしかしたらそのポーズが痛みを引き起こす原因になっているかもしれません。その場合は、呼吸が出す信号に従い、ポーズを調整するか、自分にとって適切でないと感じたら、ポーズを中止してください。ポーズとともに深い呼吸をすれば、どのポーズをしていても瞑想をしているのと同じ効果があり、マットの上にいることを忘れてしまいます。吸う息は気づく能力や感じる能力と同じです。一方、吐く息は解放すること、あるいは身をゆだねることにつながります。呼吸に対するもうひとつの考え方は、吸う息を努力、吐く息を恩恵ととらえることです。ポーズを保っている間、吐く息と吸う息は、バランスよく同じ時間行うのが理想的ですが、息を吸う時に、もっと努力が必要で、息を吐く時に恩恵を受けていると感じるほど心地よくなければ、呼吸のエクササイズの時に、吐く息をもう少し長くするとよいと思います。

　ポーズの練習は微調整を続けている過程です。よく観察しながらポーズを行えば、怪我を癒し、バランスを調整するので、さらに怪我をしたり、バランスを崩したりすることがなくなります。どんな時も、誰よりも自分の癖を判断できるのは自分だということを忘れないでください。ポーズを行う時は、直感と内なる声に耳を傾け、決してそれを無視しないようにしましょう。

緑／大地　　役割：しわ取り

　　大地が持つ再生させる性質を引き出すポーズは、大地のエネルギー（活力）と生命力に働きかけることに特に優れています。顔にあてはめると若返りということになります。大地は第1のチャクラ（エネルギーの集まるところ）につながっているので、体の領域とも関係しています。大地のポーズを行うと、肌、髪、歯が総体的に元気になります。

　　効果　　額をなめらかにし、しわを取る。目元を上げる。口もとにはりを持たせ、唇をふっくらさせる。

青／水　　役割：肌をふっくらさせ、引き締める

　　水の要素は、はりがあってふっくらとした状態に肌を保つ力を持っています。老化した肌は、かさかさしてうるおいがなくなっています。このカテゴリーのポーズを行うと、肌の弾力が保てます。水は受容的な性質で、硬くなったり、固まったりすることがないため、顔から緊張が取れ、奥歯を噛み締めることもなくなります。また余分な水分を調整するので、顔のむくみや腫れも解消します。水は常に補給され、活性化します。

　　効果　　乾燥肌の改善。たるみをなくし、やつれた顔にはりを与える。唇と頬をふっくらさせる。腫れやむくみを緩和して、顔の輪郭をすっきりさせる。

銀／空気　　役割：エネルギーの補給

　空気は、流動的ですばやくプラーナ（生命力）とつながっています。このカテゴリーのポーズを行うと首の下で滞っているエネルギーの流れが変わり、顔にそのエネルギーが上がってきます。さらに肺は、より多くの酸素を受け取り、体中に分配します（多くの人は、肺の能力のたった3分の1程度しか利用していません）。すると血流が増え、肌が明るくなります。

　　効果　　血流の改善。体にプラーナを通すことで肌を明るくし、顔色をよくする。

赤／火　　役割：デトックスと温め

　火は不純物を燃やすために使われます。燃焼系の火（サンスクリットではタパス）のポーズはデトックスの役割を果たします。皮膚は体の中で一番大きな排泄器官なので、不純物が減れば、それだけ皮膚への負担が減ります。火のポーズを行うことで、顔はすっきりして生まれ変わり、また血流も改善するので、細胞の再生に役立ちます。

　　効果　　肌を明るくし、たるみや垂れ、くすみをなくす。体の中の熱を強くして、活力やエネルギーを増やす。

問題のある部分の原因をつきとめて、適切なエクササイズを行うために、洗顔した後、朝一番に、適度な明るさの光（蛍光灯はやめましょう。肌の色がよくわからないうえ、青白く見えてしまいます）のもとで、じっくりと（でも、愛情を込めて）顔を見てください。肌の一部分を親指と人差し指で軽く引っ張って、その後指を離し、どの程度の速さでもとに戻るかよく観察して、肌の色とはりをチェックしましょう。肌のどの部分が大きくはりをなくしているかに注目してください。

　ここにあるどのポーズを行う際にも、いくつかのポイントがあります。ポーズを行っている間は、顔の緊張を緩め、口角は力を入れずに上向きにして、やわらかいほほ笑みを心がけてください。そして意識的に顎の力を抜きましょう。上の歯と下の歯の間にわずかに隙間を作り、舌を楽にすると、これから先ずっと穏やかな顔でいられるようになります。顔の緊張をほぐしたいと思ったら、吐く息の最後に「アーー」という音を出してみてください。顎の筋肉がほぐれ、顔のこわばりが取れます。

　第8章では一連のエクササイズをいくつか紹介しますので、参考にしてください。問題の部分に的を絞ったポーズを選びたくなるかもしれませんが、選んだ一連のポーズにつなげて、各カテゴリーから少なくともひとつのポーズを行うことをおすすめします。順番を決める必要はありませんが、エクササイズの中に、必ずシャヴァーサナ（休息するポーズ）を取り入れてください。このポーズは、速攻性があり、輝きのある、しわのないつやつやした顔がよみがえります。いったんエクササイズを始めたら、その効果は明らかなので、これらのポーズは外せなくなり、毎日しないではいられなくなるでしょう。

　エクササイズの最中にすべったり、ずれたりしないようにヨガマットを使ってください。立位のポーズやバランスを取るポーズを行う際には裸足になりましょう。足がマットをしっかりとらえます。床の上で、座位のポーズや逆転のポーズ、シャヴァーサナを行う時は、ソックスを履いてもかまいません。部屋を暖かくすると、筋肉がやわらかくなり、よく伸びます。

特に気をつけること！

　妊娠中の方や怪我をしている方、高血圧の方はエクササイズを始める前に主治医に相談しましょう。ふつう、健康な妊婦さんはヨガを行うことで体調がよくなるはずですが、深いねじりのポーズや心拍数が上がるポーズ、腹部に刺激のあるポーズを行う際は注意をしてください。高血圧の方は頭より高い位置に手を上げることは避けましょう。

　逆立ちのポーズ、頭立ちのポーズ、肩立ちのポーズといった逆転のポーズを行う時は、妊娠前のヨガの練習のレベルを考慮してください。以前にこのようなポーズを楽に行っていたのであれば、妊娠中に続けてもたぶん問題ないでしょう。初心者の方は出産を終えるまでこのようなポーズは避けましょう。

緑／大地

　　大地は気力、生命力、強さと結びついています。第1のチャクラはしばしば大地の要素につながり、体の健康と物質的な面をつかさどっています。大地のポーズを行うことで、大地との強い結びつきが深まり、健康で若々しく、心は穏やかで体も軽くなります。また、肌の再生を促し、血行がよくなり、細胞が若返ります。肌、髪、爪、歯はすべて大地の要素と結びついており、そのエネルギーが集まったチャクラ（ムーラダーラ・チャクラ）とつながっています。このカテゴリーのポーズを行うと、肌、髪、爪、歯すべてが強くなり、見た目も改善されます。立位のポーズやバランスを取るポーズを行って、大地にしっかりと根ざせば、顔は穏やかになり、顎のこわばりもほぐれます。

　　ポーズは、バランスを取るポーズと立位のポーズのふたつのカテゴリーに分類されます。

バランスを取るポーズ

　　バランスとは強さです。すべての筋肉は何かするたびに調整しなければなりません。バランスのポーズを行う時は、足裏で大地から強さを引き込み、体を貫く中心線にエネルギーを引き入れます。バランスを取るというのは人生においても同じです。一点に集中することなのです。視線（サンスクリットではドリスティ）を一点に定めましょう。その際、なるべく視線の先にある動かない物にします（慣れてきたら鼻先を見つめたり、目を閉じたりします）。その一点をできるだけ揺らぐことなく見つめ続けましょう。人生においても、ただ一途に集中して達成したことに、我ながら驚くことがあるかもしれません。しっかりと、でも緊張しすぎないように、また集中しているけれどもリラックスして見つめる練習をすることで、眼輪筋（目のまわりにある円状の筋肉）が引き締まります。もししっかり一点を見つめようと、がんばってポーズを行えば、顔をしかめたり、しわを寄せたりすることになりかねません（それはやりすぎている証拠で、せっかくエクササイズを行っているのに、バランスまで崩れてしまいます。あまりに力が入ってしまうと、顔がこわばります）。顔の力を抜いて、いつも気持ちを楽にしてポーズを行えば顔の筋肉を鍛えられます。

バランスを取るポーズを行うと、ストレスがなくなるので、顔を締め付けることもなくなります。顔の力を抜くと、額がよりなめらかになり、眉間のしわが減り、顎のこわばりも取れます。ほうれい線にも効果的です。

立位のポーズ

　立位のポーズは集中力が必要ですが、決してがんばり過ぎないでください。そうしないと歯を食いしばったり、顔をこわばらせたりしてしまいます。立位のポーズでバランスを取ると、いつも心が平静になり、ポーズに挑戦している時の表情が穏やかになってきます。これらのポーズは、負荷がかかった状態でも平静さを保つのに最適です。顔の筋肉を鍛えることで、ストレスがかかっても、穏やかで落ち着いた状態でいられるようになります。心配性の傾向がある方には、ストレスに対抗するすばらしい方法です。そのため、額、目、口のあたりにできる不安によるしわを軽減でき、顔の筋肉を緩めることもできます。

山のポーズ（タダーサナ）

　このポーズはすべてのポーズの基本で、その要素はあらゆるアーサナの中に存在します。バレエの最初の姿勢に似ていて、シンプルだけど安定しており、いつでもどこでも行うことができる、大地にしっかり根ざしたポーズです。5分間タダーサナを行えば、心は落ち着き、エネルギーに満ちていると感じることができ、立ったままの瞑想を行っていることになります。感情の面では、強く、安定し、集中力が増し、心が鎮まります。大地のエネルギーをたくさん受け取るので、肌と髪がいっそう健康になります。また、静かに何もしないでいることは、行動を起こすための有効な手段であることを教えてくれます。

　両足を平行にして、その中心に立ち、親指同士をつけておきます。足の外側も平行になっていることを確認して、頭頂を背骨の上に引き上げます。目を閉じて、背骨が伸びて、肩甲骨が背中で羽のように広がっているのを感じましょう。肩甲骨を寄せ、顎を軽く引き下げてきれいな姿勢を取ってください。手のひらは太もものほうに向けましょう。骨盤から離れるようなイメージで、胸を引き上げます。それから恥骨をまっすぐ下に引き下ろし、お尻をわずかに前に引っ込めます。かかとを床にしっかり押し付け、骨盤と腰がだんだん開いて、広がってくるのを感じましょう。

　次に足の親指の付け根にある膨らみで床をとらえます。まず両足の外側の端、次に内側の端と、足を転がしてみましょう。それからその膨らみを固定し、次にかかとも固定します。最後に、一番大地に根づいた姿勢、つまり足の裏全体を地面に押し付けた状態にしてください。深く呼吸し、自分の姿勢、強さ、高さ、安らぎを感じましょう。膝は緩めておいてください。大地のエネルギーを心に描いてみましょう（特別な色——たぶん緑——をイメージするでしょう。そう思えなくてもかまいません）。そのエネルギーは足裏から、体の前面を、むこうずね、太もも、さらに骨盤から胴、心臓を通って頭頂へと上がり、その後体の後ろ側を通って下がり、大地へと戻っていきます。このエネルギーの流れを何度かイメージしてください。体の後ろ側に呼吸を入れて、特に腎臓、その後肺を空気で満たします。体の中にある強さと安らぎを感じ、しっかり大地に根づいた感覚を味わいましょ

う。

このような立位のポーズを行っている時は、目を閉じて自分の顔を思い描いてください。しわが取れるのは呼吸をしている時と、緊張がほぐれる時です。なめらかでしわのない額を想像するのです。顎の力を抜き、目も緩めて、目玉が眼窩に深く沈み込んでいると思ってください。軽くほほ笑みましょう。顔から締め付けがなくなり、顎のこわばりも取れるので、額のしわも口のまわりの小じわも消えます。ほほ笑んで十分に呼吸をしてください。このポーズは15分行ったら、5分休憩を取りましょう。

戦士のポーズ2

順番で言うと2番目の戦士のポーズですが、戦士のポーズ1よりも簡単にできるので、このポーズから始めることにしました。

このポーズを行うと、お尻、骨盤、腰、肩、背中の上部が開き、太ももとお尻も強くなります。呼吸をすることで内臓器官に空間ができ、体内でデトックスされるので、見るからに若々しい顔になります。強さ、安定、自由、安らぎ、柔軟性の感覚を高めるのに役立ちます。ランニングやウォーキングをする方は、走ったり歩いたりした後、常にこのストレッチを行うとよいでしょう。やさしくほほ笑み、上下の歯の間を少し離しておけば、顎の緊張がほぐれ、眉間のしわもなくなります。

右側から始めます。右足を前方に向け、左足を1メートル20センチくらい後ろに下げ、右足に対して直角にします。左足の外側が床をしっかりとらえるようにします。最初のうちはやりにくいと感じるかもしれませんが、慣れてくればスムーズにできるようになります。太ももが床と平行になるまで右膝を曲げます。その時、右膝が足首の真上に来るようにしてください。膝が前に出たり、後ろに行ったりしないように気をつけましょう。お尻

は真横に向けます。できるだけお尻に対して、背骨が垂直になるようにしましょう。腕は前後に開き、床と平行にしたまま保つようにしてください。後ろの腕が前の腕より下がらないようにしましょう。頭頂が背骨の上に自然に来るようにして、ほほ笑んでください。呼吸して肺に空気を入れ、呼吸が深まるとともに肋骨の後ろ側が広がるのを感じましょう。この状態で5～8つ数えます。次に反対側も行ってください。

戦士のポーズ1

　足を腰幅に開いて立ち、※ランジ（初めは右足を前に）の動作で前に踏み出します。左のかかとを30度くらいの角度に曲げます。左のかかとは、最初のうちは完全に床に着かないかもしれませんが、そのうちできるようになります。両腕を頭の上に上げて、手のひらを内側に向けて両手を肩幅に開くか、手のひらを合わせて合掌してください。胸を天井に向けて引き上げ、肩甲骨の下先はウエストのほうに引き下げます。腰を回して、体を正面に向けます。右の膝は深く曲げておきましょう（ランジの姿勢では、膝が足首の前に出ないように気をつけてください。前ではなくて足首のまっすぐ上で直角になるようにしてください）。5～8回深い呼吸をしながら、ポーズを保ちましょう。次に左足を前にして行います。

　戦士のポーズは体を開くポーズなので、大地のエネルギーをそのまま受け取ることができます。また心臓、腎臓、肺をほぐす効果があるので、顔に血流が増えます。心臓に血流が増えれば、血液細胞により多くの酸素が供給され、それが皮膚にも届きます。

※ランジ……脚を大きく前に踏み込む動作を表す

戦士のポーズ３

立位のポーズと同じく、かなりバランス感覚を必要とするポーズで、心臓と頭が同じ高さに並びます。顔の皮膚に酸素が行きわたるので、肌の調子がよくなり、明るさが増します。このポーズはがんばりと集中力がかなり必要なので、プレッシャーのかかる場面で力を抜くためのよい訓練になります。このポーズを取りながらほほ笑むよ

うにしましょう。そうすれば、いつもはしかめっ面になったり、しわを寄せてしまったりする場面でも、リラックスした顔が筋肉に記憶されます。まわりがどんな状況であっても、なめらかでしわのない顔つきに変わっていきます。眉間と額のしわを減らすのに特に効果があります。

タダーサナ（立位のポーズ）で立ちます。両足を腰幅に開いて、平行になっていることを確認しましょう。右膝を少し曲げ、両手を広げ、手のひらを太もものほうに向けて、お尻の横に沿わせてください。上体を前に傾け、左足を浮かします。つま先を下に向け、足首をそのまま曲げておきます。次に、左脚を床と平行になるまで後ろに伸ばします。左の太ももを内側に向けて、お尻を引っ込めて平らにします（顔もお尻も、できるだけ同じ高さで下に向けます）。背骨を前に伸ばして、まっすぐ下を見ましょう。視線は床でも鼻先でもかまいません。下腹（おへそより５センチくらい下）を引き込み、インナーマッスルを固定して、バランスを取りやすくします。頭は背骨と一直線になるようにしてください。たぶん頭を少し上げたくなると思いますが、がまんしましょう。このポーズを取りながら、できれば５回呼吸してください。バランスを取るのに苦労すると思いますが、大丈夫！反対の脚でも行ってみてください。それぞれの側で１回ずつ行いましょう。もしこのポーズが、ほんとうに楽しんでできるようなら、２回ずつ行ってみてください。

立っている脚も上げている脚も完全にまっすぐでなくてもかまいません。太ももの後ろ側が特に突っ張るようなら、立っている脚の膝を少し緩めてください。このポーズは壁のそばで、壁に向かって脚を床と平行に上げて（足裏を壁にぴったりつけ、つま先を上に向

けて）行うこともできます。その状態から、脚を壁から離して壁と反対側を向き、体を下に向けながら脚を床と平行にして、足裏を壁に戻します。そうするとつま先は下を向きます。初心者の方や身体的に心配のある方はバランスを取るために椅子を使ってもかまいません。壁に上げている脚と同じ側の腕を椅子の背もたれで支えましょう。

木のポーズ

　このポーズは太ももを※外旋(がいせん)させるのに役立ち、顔のこわばりや、しわの原因となる抑圧された感情を解放します。また、股関節屈筋を伸ばし、バランス感覚と強さが身につきます。立っている足が足裏で地球の中心に根づいていて、胴体と手足がその根もとから伸びていると想像してみましょう。

　プラスアルファ　木のポーズを行っている間、目を閉じてみてください。いったん姿勢が整ったら体内部でバランスの取れるところを見つけましょう。多くの人が考えているのとは違って、バランス感覚を与えているのは視覚ではありません。バランスは体の中心となる部分の奥深くで感知され、内耳もその役割を担っています。

　右脚で立ち、左膝を骨盤から離して外側に曲げます。左足を右の太もも、もしくは右のふくらはぎの内側につけてください。手のひらを合わせて胸の前で合掌し、ほほ笑みましょう。ポーズの間、ライオンの顔のエクササイズをしてもかまいません。吸う息に合わせて顔全体をすぼめて、吐く息とともに舌を突き出し、目玉をくるりと回しましょう。ライオンの顔のエクササイズは、総合的な顔のストレッチになるだけでなく、木のポーズと一緒に行うことで集中力を高め、バランス感覚を養うことができます。5〜8回呼吸する間ポーズを保ち、その後反対側も行います。

※外旋……体の内部を外側に回すこと。太ももであれば大腿骨を軸にして外側に回すこと。

カラスのポーズ

　カラスのポーズは、効果抜群の逆転のポーズです。頭が心臓より下になることで、酸素を多く含んだ新鮮な血液が顔に流れ、輝きとつやのある顔になります。目の下にたるみやくまができやすい方は、このポーズを行えば予防できます。

　しゃがんで、両手を肩幅に開き、指を大きく開いて、床に押し付けます。肩の力を抜いて、おへそに力を入れます。両膝を片方ずつ上げて、上腕の後ろ側につけます。背中の上側を丸くして、足の親指同士を合わせましょう。両足を床から上げてみてください。下を向いて、ほんの少し前方を見ます。前に転がってしまいそうなら、枕かブランケットを頭の下に敷いてください。バランスが崩れそうなら、頭を内側に入れて転がってしまいましょう！

　このポーズはできるだけ長く続けましょう。ほんの少ししか持ちこたえられない人が多いと思いますが、初心者の方なら、このポーズのまま5つ数えるのが理想的です。もっと上達したら10数えましょう。2回行ってください。

青／水

エネルギーの調整、受容、鎮静、くつろぎをもたらす水のポーズは、乾いたものにはうるおいを与え、むくみがあればそれを取り除くことで水分を調整します。青のポーズはいくつかのカテゴリーに分類しました。瞑想のポーズ、前屈のポーズ、お尻を緩めて股関節を開くポーズ、そして究極の安らぎのポーズであるシャヴァーサナです。

瞑想のポーズ

瞑想のポーズは、目のまわりや額のしわに悩んでいる人にとっては最適です。毎日3〜5分行えば、その部分のしわはなくなり、なめらかになるでしょう。

いつも平静でいられるようになれば、おのずとそれに見合った顔になります。瞑想のポーズで顔の力を抜くことを覚えれば、筋肉がそれを記憶し、ストレスのかかるような場面でも顔に力が入りません。そのため顔を引きつらせたり、筋肉を締め付けたり、不安そうなしわを寄せたりすることが少なくなります。心配性の方や不眠症の方は、これらのポーズを日頃から行うとよいでしょう。

お釈迦様の顔

　心穏やかに座って、こわばりのないやさしい顔になるエクササイズです。目を閉じるかほんの少し開いて、かすかにほほ笑んでください。お釈迦様の顔はどんなポーズを行っている時でもできます。この顔をして10～20数えましょう。

安楽座のポーズ（スカーサナ）

　このポーズを行うと、ストレスが緩和されるので、なめらかでしわのない顔になります。歯を食いしばったり、顔の筋肉を締め付けたりする癖がなくなるのです。締め付けないでゆったりするように筋肉に覚えさせれば、不安も解消し、それが原因のいやなしわも消えます。

　アーサナという言葉は座法という意味です。基本的なヨガの法典、パタンジャリの『ヨガ・スートラ』には、アーサナは安定した快適なものであるべきだとあります。安楽座のポーズは、まさにそのようなポーズです。

　脚を楽に組んで座り、膝をできるだけ床に近づけてください。もっと心地よさを感じるために、補助用具——ブランケットを巻いたようなものや※ヨガブロック——を坐骨の下に敷いてもかまいません。

　初心者の方は、安楽座の代わりに、椅子やソファに座っても行うことができます。長枕や※ボルスター、巻いたブランケットを背骨の後ろに置くとよい姿勢を保つことができます。肩を後ろに引き、胸を広げ、頭頂は背骨の真上に軽くのせましょう。視線は前か鼻先です。手のひらを上にして、利き手をもう一方の手の中に重ねます。しっかりと、なめらかに呼吸をしてください。最低でも2、3分ポーズを続けましょう。座ったまま行う場合は、できるだけ長く——できれば20～30分間——瞑想します。

※ヨガブロック……ヨガの補助用具で、長方形のレンガ状のもの。
※ボルスター……補助用具のひとつ。円筒形の堅めの長枕

子どものポーズ

　子どものポーズは、不安そうな顔のしわを消すのに最適のポーズです。頭が心臓より下に下がるので、より多くの血液を顔に行きわたらせることができますし、背中を伸ばすことで、余分な熱と攻撃性もなくなります。攻撃性があると、しかめっ面になったり、眉間や額に不安そうなしわができたりします。どちらかの方法を選んでやってみてください。

　膝を折って床に伏せ、太ももの先に胸を預けます。額が床につかないようなら、枕かブロックを額の下に置いてください。かかととお尻の間に隙間ができる時は枕や巻いたブランケットを挟んでもかまいません。両腕は手のひらを下にして前に伸ばします。あるいは手のひらを上にして体の横に沿わせてください。この状態で10回深い呼吸をしましょう。

針の糸通しのポーズ

このポーズは子どものポーズの変化した形で、首、顎、肩、腕をストレッチするポーズです。また心を開くポーズでもあります。顔に血流を増やし、リンパ節から老廃物を取り除きます。子どものポーズから始めて、左腕を右腕の下に差し込み、顔は右側にして上を向きます。顔の左側を床から離すように上を向きましょう。

右の手のひらを左の手のひらの上に重ねて合掌し、両腕が体と直角になるようにします。一度子どものポーズに戻って、反対側でもやってみましょう。このポーズをしながら、それぞれの側で5つ数えてください。

前屈のポーズ

前屈のポーズは、ヨガでは家に帰るものと考えられています。内側に向かって自己を意識することで、心を鎮め、心身を回復します。自分の内面に意識を向けるヨガのプラティヤハーラ（引き込み）の概念を具体化したもので、感覚を中に引き入れます。余裕が必要な時にはこのポーズを行ってください。なかなかひとりの時間が持てない状況にある方は、特に安らぎを感じられるでしょう。前屈のポーズも顔が下になるので、より多くの酸素と血液が頭に流れることになります。顔色がよくなり、やつれた感じがなくなるうえ、年とともに目が落ちくぼんだり、頬がこけたりするのを解消し、年齢を感じさせない顔にします。

星のポーズ（タラーサナ）

　このポーズも頭が心臓より下になるので、新鮮な血液が流れます。心拍数が下がり、背中やお尻のストレッチができます。顔色が明るくなり、しっとりと輝きます。座って足裏を合わせ、両脚でひし形を作ってください。すねか足首、もしくは足先をつかみ、肘を折って両側に開きます。それから頭をできるだけ低い位置に下げます。背中の上部を少し丸くするとよいでしょう。できれば肩甲骨の下先は、緩めてウエストのほうに近づけるようにしてください。この状態で5〜10数えましょう。

座位の前屈のポーズ（パスチモッタナーサナ）

　深い前屈のポーズで若さを取り戻すことができます。このポーズでは頭が心臓より下に来るので血流がよくなり、こわばりや緊張がほぐれます。究極の前屈のポーズ、パスチモッタナーサナ（東が西と出会うポーズ）を行うと、背中全体と太ももの後ろ側、ふくらはぎが伸びます。マットの上に座り、脚を前に伸ばします。膝を緩めて、大腿四頭筋（太もも上部の筋肉）を固定してください。太ももの外側のお肉をつかんで太もも内部の回転運動を助けるように、中央に——太ももに沿って——転がします。そうすることで腰が緩みます。吸う息で両腕を上に上げ、両手を肩幅に開いて内側に向けて、吐く息で手の先をつま先まで下ろします。つま先まで届かない時は、すねをつかむか、膝かすねの横の床に手のひらを下にして置きます。もっと前屈を深めることができたら、足先の外側をつかんでください。次の吸う息で肩甲

骨を引き寄せましょう。肘を少し体の外側に曲げると、肩が背中の下側で緩み、鎖骨が広がります。背中上部を丸くすると、腰の筋肉が伸びないので気をつけましょう。背中を丸めないよう平らにしてください。顔は脚に預けて、8回ゆっくり深呼吸します。このポーズで、もっと心を鎮め、安らぎを得るためには、ブランケットを円筒状に巻いて、脚の付け根に置き、その上に額をのせましょう。1枚で足りなければ、もう1枚か2枚ブランケットを増やしてください。

　背中や太ももの後ろ側がきつく感じるようなら、巻いたブランケットの上に座ってください。圧迫感が弱まります。手でこぶしを作っても、肘を曲げて、前腕を直角にしてもかまいません。腰にある※拮抗筋（きっこうきん）が緩みます。あまり伸びすぎるようなら、少し膝を曲げるか、巻いたブランケットを膝の下に置いてください。意識を集中して深く呼吸しましょう。前屈の時は呼吸が浅くなりがちです。まるで自分自身をいたわることを忘れてしまったかのようです。このポーズでは何よりも呼吸が肝心！

※拮抗筋……互いに反対の作用を同時に行う一対の筋肉。伸筋と屈筋、外転筋と内転筋など。

お尻を緩めて股関節を開くポーズ

　お尻を緩めて股関節を開くポーズは抑圧された感情を解き放つのに役立ちます。お尻は怒りや抑えきれない感情といった、禁じられ、持ってはいけないとされている感情を入れる場所であるとヨガでは昔から言われています。これらのポーズを行うことで、感情的にも肉体的にも負担を感じることになるかもしれません。けれども、今ここにある自分の気持ちをほんとうに知る準備をしているのです。顎は解放したい怒りや悲しみの感情を抑制し、封じ込めようとしているので、顎を緩めるのはとても大事なことなのです。軽く口を開き、股関節を開くポーズを行っている間、「アーー」と声を出してみましょう。すぐに顔の緊張が解けます。

ポーズを行いながら、呼吸を体に引き入れます。いろいろな感情が湧き起こったら、吐く息とともにストレスを吐き出してしまいましょう。ポーズを行うことで精神的にパニックになるかもしれません。あまりにたくさんの感情が湧き上がってくるからです。けれども、これらのポーズはほんとうに力強いポーズで、今まで味わったことのない感情のレベルに達することができます。股関節屈筋が伸びると、腰が楽になり、脚の伸びもよくなります。前屈がもっと簡単になり、歩行もスムーズになるでしょう。動きには、緩やかな動き、ゆったりした動き、優雅な動きがあります。顔はより明るくなり、こわばりもなくなります。股関節を緩めながら、意識して顔もリラックスさせましょう。顎のこわばり、ほうれい線、眉や額のしわを撃退できます。

鳩のポーズ
（エカ・パダ・ラージャカポターサナ）

身をゆだねる鳩のポーズは、顔の血行をよくし、気苦労のしわを消します。また臀筋と股関節屈筋を伸ばします。前屈するこのポーズは、エネルギーを回復するための通り道を開きます。

マットの上で、両手を肩幅に開き、その間に右膝を置きます。左脚を後ろに引いて、左膝をマットの中心線に近づけましょう。無理のない範囲で右の足首とすねを左の手首に近づけます。太ももの外側からお尻にかけて心地よく伸びるところです。両手の指先をお尻の真横まで持っていき、両手でお尻を挟みます。吸う息でお尻とおなかを引っ込めて、胸の上部を引き上げてください。肘を

下に引き、少し後ろに曲げて肩甲骨を引き寄せ、鎖骨を広げます。吐く息で両手を元に戻して頭の先のほうに伸ばし、手のひらか指先を床につけます。手のひらを上向きにし、両手を肩幅に開くと、肩がさらに楽になります。額を床、またはブロックかブランケットの上にのせ、8つ数えながら深く呼吸した後、反対側も行ってください。それぞれ1回ずつ行いましょう。

開脚前屈のポーズ
（ウパヴィシュタ・コナーサナ）

このポーズを行うと、尾骨から頭頂を結ぶエネルギーの通り道が浄化され、クンダリーニ（悟りのエネルギー）がスムーズに流れるようになります。胸を開き、両肩は緩めておきます。このポーズは股関節屈筋の緊張を解き、恐れや不安、怒りといった自分をがんじがらめにするような否定的な感情を顔から取り除いてくれるので、喜びに満ちた輝くような表情になります。また、太ももを強化し、股関節屈筋と太ももの後ろ側を伸ばします。

マットの上に座り、両脚をV字に広げ、太ももの下から軽くお肉を引き出して、できるだけ両脚を開きます。つま先を上に向け、大腿四頭筋を締めます。すべてを包み込むように大きく両腕を開きましょう。胸から体を折って、足の親指か足の外側に両手が届くようにしてください。届かなくてもかまいません。その場合は額の下にブロックを置いて手をのせるか、ブロックを両手で挟んで、手が届くところまですべらせてください。少しずつ調整しましょう。床に太ももの後ろ側を押し付けて、体を前に伸ばしてください。ほほ笑んで、ゆっくりと8つ数えながら深く呼吸します。

三日月のポーズ
（チャンドラーサナ）

　形のきれいな力強いポーズで、体、心、顔に効果があります。上下の歯の間に隙間を作り、舌を口の下側に楽に置いて、ほほ笑みながら行うと、顎がリラックスします。声を出して大きくため息をついたり、舌を突き出したりしてもよいでしょう。胸が開き、おなかと腰の筋肉が締まり、股関節屈筋が伸びます。後屈を深めながら、背中を引き上げます。その心地よさを味わいましょう！

　右足と左膝で体重を支えてください。右足は右膝からまっすぐ伸びる位置に置きます。初めは手のひらを下向きにして右膝の上に置き、背骨を伸ばします。両手を上げて、胸を引き上げましょう。お尻を下げながら内側に入れ、下腹を引っ込めます。背中の上部はしならせましょう。ここで右足をほんの少し（2.5〜3センチくらい）前に踏み出し、お尻を前に突き出します。両手を組んで腕を上に伸ばすと、ストレッチが深まります。この状態で5〜8つくらい数えましょう。それから反対側も行います。

The Great Relaxer

亡骸のポーズ（シャヴァーサナ）

これはアーサナを行った後、最後に行うポーズで、軋轢から解放され、身をゆだね、葛藤をやめる、亡骸のイメージをうまく生かしたポーズです。食後のデザートのように、エクササイズをがんばった自分へのご褒美です。けれどもポーズ自体に効果があるので、いつどこで行ってかまいません。シャヴァーサナを行うと、顔の腫れやむくみが解消されます。顔の緊張もほぐれるので、顔の筋肉を緩めるよい訓練になります。

このポーズは顔に効果てきめんです。シャヴァーサナは深い眠りではなく、軽い休息のポーズです。このポーズでふらふらになることはありません。顎のこわばりがほぐれ、口元はやわらかくなり、額からしわがなくなります。

仰向けに寝て、両足を腰幅に開き、両手は手のひらを上にして体のわきに伸ばし、体の重みを床に預けましょう。目を閉じてください。目の上によい香りのするアイピローをのせてもかまいません――ラベンダーの香りは特にリラックス効果があります。舌を顎の底に落とし、顎の力を抜いて、目を眼孔の奥に沈めてください。体の力をすべて抜きましょう。

このポーズを取って心地よいかどうか確認しましょう。ブランケットを1枚（もしくは数枚使って軽い逆転の状態にします）長い円筒状に巻いて膝の下に置くと、背中の痛みが楽になります。暖かいとさらに深いリラクゼーション効果が得られるので、少しでも寒さを感じるようなら、もう1枚ブランケットを使って、体に掛けるとよいでしょう。

シャヴァアーサナのポーズを解いた後は、顔のマッサージをするのもおすすめです。やり方は第4章にあります。

休息の後は座った姿勢に戻り、瞑想します。その時、心はすべてを受け入れることができます。最低でも5分間、シャヴァーサナで休息してください。20分間行なうのが理想的です。

銀／空気

すばやく動き、流動的な空気は、コミュニケーションと自己表現にかかわっているうえ、精神的な面ともかかわりがあります。思考は行動を起こすきっかけとなり、その後身体的な領域にはっきりと現れます。空気の領域は現実離れしていて、直観と予知に関係しています。このカテゴリーのポーズを行うと、今の体の状態をすばやく回復させることが容易にできます。ポーズは文字通り体を逆さにして行い、自分は誰で、どんな人間なのかわかります。逆転のポーズがきちんとできると、肉体の限界を超えられるという感覚が味わえるのです。空気のポーズは言語と話すことにかかわりがあり、身体的には喉、首、唇、頬に効果があります。これらの顔の部分を引き締め、生き生きさせます。

逆転のポーズ

逆転のポーズを行うと、顔の輝きが増し、落ちくぼんだ目やこけた頬が解消し、甲状腺や他の分泌腺の機能が正常になります。甲状腺はホルモン機能を調整する大事な役割を持っています。ホルモンのバランスが崩れると代謝機能に悪影響を与え、体重が増え、水分が過剰になり、そのため顔や首のまわりに肉がついたり、むくんだりします。頭立ちのポーズのような、頭でバランスを取るポーズを行うと、※下垂体と※視床下部が活性化するので、若返りのエネルギーが流れ続け、顔が輝きます。

逆転のポーズでは頭が心臓より下になるので、心拍数が下がり、より多くの酸素が頭部に行きわたり、年齢とともに加速する老化に対抗することができます。たとえば、不眠は肌荒れの原因になります。不眠症に悩まされていた時、目の下に大きなくまとたるみができていることに気づきました。逆転のポーズを行うことで、よく眠れるようになり、顔の見た目がすっかり若くなりました。

逆転のポーズはアンチエイジングへの効果が抜群で、肌の色が明るくなり、はりが出て、垂れやたるみが解消されます。ただし、高血圧の方や妊娠中の方は行わないでください。

※下垂体………脳の下にある、えんどう豆程度の大きさの部位で、さまざまなホルモンの働きをコントロールする。

※視床下部……大脳の下部にあり、神経系と内分泌系が連結する部位。この部分が分泌するホルモンが下垂体ホルモンの分泌を支配する。

鋤(すき)のポーズ（ハラーサナ）

顎を胸に向かって締め付けながら行うと（サンスクリットではジャランダーラ・バンダ。仕上げの締め付けとも言われ、下に向かうエネルギーの流れを逆転させ、上半身に生命力を送ります）、顔に大量のエネルギーが送られ、生命力が増します。酸素量が増え、顔色がよくなり、喉、首、顎を引き締めます。鋤のポーズでは、デトックスや背中のストレッチもできます。逆さの前屈とも言えるので、座位の前屈のポーズの代わりに行ってもよいでしょう。座位の前屈のポーズでは太ももの後ろ側が突っ張りますが、重力がかかることで前屈が深まるので、脚の筋肉を引っ張ることがありません。

仰向けに寝て、手のひらを下向きに脚の横に沿わせます。両脚を頭の向こうに伸ばし、両腕は背中の下に移動させ、背骨に近づけ手を組みましょう。足はできるだけ頭から遠ざけ、肩甲骨を引き寄せます。この状態でジャランダーラ・バンダの締め付けの心地よさを味わってください。つま先を床につけ、太ももの筋肉が動かないようにしましょう。太ももの後ろ側にもっと伸びを感じたいと思ったら、足首を曲げてください。

逆立ちのポーズ（アド・ムカ・ヴリクシャーサナ）

　逆立ちのポーズは誰でもできるものではありませんし、やりたくない方もいるでしょう。

　でも、もしやってみれば、このポーズが若返りにとても効果があるとわかります。このポーズを行うには、強さと調整力、それに勇気が必要です。文字通り体を逆さにすることで、あらゆる美と、若返り効果が期待できるだけでなく、さらにもっと恩恵を受け取ることができます。逆さになるので、酸素をたくさん含んだ新鮮な血液が顔に流れます。逆立ちのポーズを行うと、幼い頃の陽気で明るい自分がよみがえってきます——子どもの時の自分が出てくるのです。心配事が顔から消えるのがわかるでしょう。頬のたるみやくぼみができやすい方にはこのポーズが効果的です。

　両手を肩幅に開き、壁に向かって、下向きの犬のポーズ（70ページ）から始めます。壁と手の間は20〜25センチくらい離しておいてください。片方の脚をゆっくり上げ、壁に足をつけましょう。お尻はできるだけ突き出さないようにしてください。次に、もう片方の脚を上げ、最初に上げた足に合わせます。このポーズを行うには、誰か補助してくれる人が必要かもしれません。あるいは、家に帰ってひとりで行う前に、レッスン中、熟練した先生と一緒にやってみてください。逆立ちをしたまま5回呼吸をし、子どものポーズで休みましょう。

　両足を壁から離して行うには、両足を壁につけた状態から始めてください。その後両脚を上げたまま、同時に壁から離しますが、壁から離れるまでは足首をしっかり曲げておきましょう。次に足先を伸ばして上に上げ、左右の太ももの内側を向き合わせます。首をそらしたりせず、頭頂を下に向け、上腕の間に頭を落としましょう。お尻を引っ込め、下腹も引っ込めると、腰が伸び腹筋が締まります。背骨はそらさず、まっすぐに倒立しましょう。そうしないと、腰が圧迫され、体がまっすぐになりません。このポーズは、サンスクリットでは「下向きの木のポーズ」

と呼ばれているということを覚えておいてください。立って行うのと同じ要領で、それがただ逆さになるだけです。不安定だと感じたら、壁に触れるまで両足を戻してください。その後、脚を片方ずつ床に戻し、子どものポーズで休みながら5回呼吸しましょう。

　このポーズはできるだけ長く保ってください。でも、正しくポーズを解いて降りることができるように、いくらかのエネルギーを残しておきましょう。5～10数えるところから始めるとよいと思います。

肩立ちのポーズ（サルバンガーサナ）

　ヨガの大先生たちが、ポーズの女王と呼んでいるこのポーズを行うと、ほんとうに顔が引き上がります。垂れた皮膚を元に戻し、肌と目が輝き、落ちくぼんだ目がぱっちりし、目の下のくまもなくなります。月のエネルギーに直接つながるパイプの役目をして、過剰な攻撃性を排除し、心拍数を下げ、老化を遅らせます。顎を胸に引き寄せ（ジャランダーラ・バンダ）、胸の上部の空間に生命エネルギー（プラーナ）を閉じ込めます。ジャランダーラ・バンダの締め付けをすると、下に流れるエネルギーが心臓、肺、脳、顔に戻るので、若々しさがよみがえり、顔が光り輝きます。

　このポーズを行うと、甲状腺とその他の分泌腺系が正常になると言われています。このポーズには強い力がありますので、注意して行ってください。生理中の方や妊娠中の方は行わないでください（その代わりに、両脚を壁に上げるポーズ――次に出てきます――を行うとよいでしょう）。

　ブランケットを二つ折りか四つ折りにして、波打ったり、膨らんだりしていないか確認しましょう。マットの手前3分の1の位置にブランケットを置いてください。ブランケットの向こう側がマットの上部になります。ブランケットの向こうに頭を置いて仰向けになり、両肩を引き寄せます。背中の下に上腕を入れ、できるだけ中央に寄せます。頸椎の一番下にある椎骨に体重がかかっていないことを確かめてください。首が肩につながってい

るところです（第7頸椎）。椎骨が床に直接当たらず、喉が上を向くようにします。この時点では首の下と床の間に隙間ができて、少しカーブしているはずです。これらが正しい位置にあることを確かめたら、背中の下で両手を組み、こぶしを作ります。両脚を頭の向こうに持っていき、両腕と両手は、反対にお尻から遠ざけるように伸ばします。それから再び両肩を引き寄せ、手のひらを背中に当てます。両肘を近づけて、マットの中央に寄せます。片脚を引き上げ、その後もう片方の脚も引き上げます。ここで大腿骨を内側に回し、顔から少し離して両方の太ももをくっつけます。太ももにエネルギーが行きわたるよう、頭の上で足首を曲げます。そしてバービー人形の足のように、その足首を伸ばして、足先を上にしてしならせ、再び足首を曲げてつま先を顔のほうに傾けます。骨盤は気持ち顔のほうに向けましょう。できたら手のひら（指先をお尻のほうに向けて）を肩甲骨に向かって背中の上部に持っていってください。気分が軽く、どこにも力が入らず、頸椎にも圧力がかかっていない状態にします。頸椎に圧力を感じるようなら、ポーズを解いてヴィパリータ・カラーニ（両脚を壁に上げるポーズ、次のポーズ）を代わりに行いましょう。心地よく感じるようなら、胸をじっと見つめて、20回深く呼吸をしてください。その後両脚を頭の向こうに戻し、鋤のポーズ（ハラーサナ）のように両手を脚とは反対側に置き、手のひらを下にしてマットの下側に押し付けます。背骨の一番上から一番下まで椎骨を順番に、手でブレーキをかけながら、床につくまで下ろします。ポーズを解いて降りる時は、かなりゆっくり行ってください。腹筋を使ってスピードをコントロールしましょう。

両脚を壁に上げるポーズ
（ヴィパリータ・カラーニ）

　これは軽い逆転のポーズで、肩立ちのポーズほど体に負担がかからず、同じような効果（程度は下がります）が得られます。初心者の方や肩立ちを行うのが難しい状態（たとえば、首を怪我していたり、肩凝りがあったりする場合など）の方におすすめします。心を落ち着かせる効果があり、また、下に流れるエネルギーを引き上げるため、プラーナ（生命力）が胸の上部、首、喉、顔にもたらされ、顔がほんのり赤みを増し、心拍数も下がります。

　壁に向かって横向きに座り、膝を曲げてお尻の右側を壁につけます。体の正面を壁に向け、仰向けになりながら、膝を曲げたまま両足を腰幅に開いて足裏を壁に押し付け、床に置いた手で支えて、下腹を引っ込めてください。腰の下に、巻いたブランケットかブロックをすべり込ませて、その上に腰をのせ、両脚をまっすぐ上に伸ばします。もっとリラックスできるように、香りのよいアイピローを目の上にのせてもかまいません。両脚を大きく開いて行う別のやり方では、股関節が心地よく開くのを味わいましょう！最低でも3～5分間、このままの状態でいてください。さらに若返り効果を望むのであれば、10分間に増やしてもかまいません。

下向きの犬のポーズ
（アド・ムカ・シュバナーサナ）

　下向きの犬のポーズは、体を強くし、伸ばすポーズで、ふくらはぎ、太ももの後ろ側、腰、背中、背骨、肩がよく伸びます。腕、肩、腹部、大腿四頭筋（太ももの前側の筋肉）を強化し、きれいな逆転の姿勢が作れます。このポーズが難しいと感じてもがっかりしないでください。他のすべてのポーズでも同じですが、開放性と柔軟性を身につけるには少し時間がかかります。呼吸を続けて、伸びと解放感を味わいましょう。

　子どものポーズから四つんばいになります。つま先を立ててお尻を上げてください。手を肩幅に開いて、60センチくらい先に置きましょう。両脚を後ろに引いて、両足は腰幅に開き、できるだけ平行にしてください。手の親指と人差し指を広げ、中指はマットの一番上で、まっすぐ前に向き、平行になっていることを確認しましょう。首には力を入れず、肋骨の前側を背中に引き入れ、背中をまっすぐにしておきます。この状態で、視線はおへそか太もも上部の間に向けてください。これは正三角形のポーズと言えます。一辺は床、一辺はお尻と骨盤と脚、もう一辺は胴と腕と頭になります。体の重みで上半身が下がってしまわないようにしましょう。大腿四頭筋を固定して脚を強化します。ただし、膝は緩めておきましょう。最初からかかとが床につかなくても大丈夫です。どのポーズでも同じですが、このポーズを完成させるには年月がかかります。完成させようとする意識が、完成することと同じくらい大切なのです。肩甲骨を引き寄せ、肩を腰に近づけ、上腕骨を腕の付け根におさめます。吸う息で筋肉を締め、吐く息で緩めます。吐く息の最後に、お尻を中央に寄せ、おへそを軽く引っ込めて、できたらこのまま8回呼吸しましょう。最初の数呼吸で、かかとを交互に上げ下げし、アキレス腱とふくらはぎのウォームアップをします。それから両方のかかとを床に下ろしましょう。

　アレンジ：両脚が突っ張り、膝が少し曲がってしまう場合には、無理に膝関節の動きを制限したり、固定したりしないでください。過伸展になってしまいます。大腿四頭筋は固定しますが、膝はできるだけ緩めておいてください。かかとが床につかなくてもかま

いません。届かせようとすることで、だんだんできるようになります。逆にこれではもの足りなくて、もっとポーズを深めたいと思ったら、脚をもう3センチくらい、あるいはもっと後ろに引いてください。頭頂か額の下にブロックを置いて支えると、頭頂が刺激されるので、酸素が顔に送り込まれ、心拍数が下がります。

頭立ちのポーズ（シルシャーサナ）

　これはポーズの王様です。肩立ちのポーズ、逆立ちのポーズと同じく、力強いエネルギーにあふれ、自然界においては太陽と同一視されています。実際は火のポーズのひとつですが、逆さで行うのでここに含めました。下垂体を活性化するので、血圧を正常にし、体の中の水分を調整し、代謝機能、生殖機能、甲状腺機能を整えます。膝立ちをし、両手を頭の後ろで組んでおじぎをしたら、両肘を肩幅に開いて前腕を床に置きます。初めのうちは、組んだ手の指関節を一列に並べて壁につけて行いましょう。両脚を下向きの犬のポーズと同じ形にし、頭に向かって歩きます。前腕の中にしっかり頭を押し込んで、肩を耳から遠ざけます。下腹に力を入れ、腹筋を使って脚を一本ずつ上げたらポーズの完成です。この状態で5〜10回呼吸しましょう。

　頭立ちのポーズをするために準備運動をしてもよいでしょう。頭の後ろに組んだ手をつけて、頭頂まで上げ、背中と脚は下向きの犬のポーズと同じにします。手首の内部と前腕に体重の大部分を預けると、頭や首に体重がかかることがほとんどありません。肩甲骨を引き寄せましょう。

注意すること：体が正しい位置にない場合は、頸椎を圧迫してしまいます——よくわからなかったら、いつも基本を教えてくれる、熟練したヨガの先生のいる教室に参加して、正しくできているか確認しましょう！

　次に示す、顔に効果抜群のポーズは、すべての要素の面を持っています。それだけでも、他のポーズと組み合わせても行えます。四大元素を示すために色をあげておきました。

顔のしわを取るポーズ

次にあげるいくつかのポーズを行うと、特に顔のあたりの筋肉に働きかけるので、顔と喉の皮膚の下にある筋肉が引き締まります。

魚のポーズ（青）

魚のポーズは、魚の姿に変えられた高貴な王子様からその名がつきました。魚になったことでさまざまなポーズを学ぶことができたのです。人間に戻った後、自分が学んだポーズを人々に教えました。すべてをゆだね、無防備になれるすばらしいポーズで、胸、喉、背中、おなかを開き、体の脇（魚のえらがある部分）から呼吸を入れる効果があります。すべてを解放するポーズですが、背中の筋肉に強い刺激があります。足を伸ばしてマットの上に座ります。肘を曲げて、腕をお尻の横に沿わせ、体を後ろに傾け、背中をそらせながら、前腕に体重を預け、頭頂を静かに床につけます。頭頂が床につかないようなら、折り畳んだブランケットか小さな枕を下に置いて隙間を埋めましょう。手のひらを上にして、片方ずつ手をお尻の下に入れると肩が楽になります。肘どうしを寄せて背中の下に入れます。頭頂を軽く床に向けながら、胸を引き上げましょう。正しい位置に調整できたら、両手を片方ずつ引き出し、お尻の横に置き、肘で体重を支えてください。この状態で5～

10回深い呼吸をしましょう。ブランケットを巻いて、体と直角になるように肩甲骨の下に入れると、筋肉に力が入らないので、かなり楽になります。このポーズを行うと額がなめらかになり、顎の締め付けがなくなります。舌を楽にして、下の歯を上の歯にかぶせるようにすると、喉、首、顎が引き締まります。

ライオンの顔（赤）

　これはどんな悩みにも効果を発揮する顔のエクササイズです。顔の筋肉をすべてストレッチするので、調子がよくなり、引き締まるうえ、ストレスも解消します。このエクササイズを行えば、知らないうちに笑い出してしまいます。すばらしいことです！

　顔の筋肉をすべてすぼめて、お尻の筋肉を締め、吸う息とともに両手でこぶしを作ります。吐く息で両手を開きながら舌を突き出し、目玉をくるりと回しましょう。3〜4回行いましょう。

猫と牛のポーズ（赤）

このふたつのポーズは、ふつう一連のポーズとして一緒に行います。顔の筋肉と喉の調子を整え、顎、頬、首を引き締めます。また、目のまわりの丸い筋肉（眼輪筋）をストレッチすることで、その部分の皮膚が引き締まり、はりが出ます。背骨の関節をなめらかにし、エネルギーを流すので、緊張がなくなります。

四つんばいになって、手首を肩の真下に置いてください。肩を緩めるために上腕骨を少し外側に回し、膝はお尻の真下です。吸う息で背中をそらせて天井を見ます。背骨を伸ばしながら、顎、目、喉、顔をストレッチしましょう。吐く息で、腕はその状態のまま（腕ではなく背中を動かします）背中を丸めてください。3、4回繰り返しましょう。

赤／火

火の要素は熱を生成し、停滞感を緩和します。火のポーズを行うと、よどんだエネルギーと老廃物が燃焼してなくなるので、肌が生き生きと明るくなり、代謝機能も改善します。火のポーズはふたつのカテゴリーに分類されます。後屈のポーズとデトックスのポーズですが、デトックスのポーズにはねじりのポーズと体側を伸ばすポーズが含まれます。

後屈のポーズ——抗うつ薬

うつ病になりやすい年代の方の肌はとてもひどい状態で、それは悪循環によるものです。何度も悲しみを味わううちに、その感情が表情となって顔に刻み込まれ、悲しみによるしわと眉をひそめたしかめっ面、口のまわりのほうれい線となって現れます。そのためますます落ち込み、さらに悪い状態になるという悪循環がずっと続くことになります。そもそも気持ちが落ち込んでいなかったら、悪い状態の顔を見たからといって、そんなことにはならないはずです。

後屈のポーズは爽快で、刺激的、そして元気の出るポーズです。心臓を動かすので、逆転のポーズと同じ効果もあります。恐れや不安などの気持ちから、知らないうちに締め付けてしまう股関節屈筋を緩め、また顔のしわ取りにも効果があります。

後屈のポーズを行うと、肌の色つやがよくなります。かなり強さを必要としますが、その分、体も強くなります。腰の痛みを緩和しますので、顔を締め付けたり、しかめたりしなくなり、しわがなくなります。

また、体幹を鍛えるので姿勢がよくなり、体もスリムになるため、見た目がどんどん若々しくなります（前かがみで丸くなった肩と猫背のせいで老けて見えることを思い出しましょう）。後屈のポーズでは、顎を少し胸に引き寄せるので（懸垂のように）、顎、喉、首が引き締まります。

バッタのポーズ（シャラバーサナ）

このポーズを行うと、喉と顎の部分全体が引き締まり、体すべての若返りに大きな効果があります。インナーマッスルに働きかけて、腰と背中の奥にある靱帯を強化するからです。普段これらの部分を動かさない方にとっては、難しいと感じられるかもしれませんが、腰痛を予防するのにとても有効なポーズで、おなかも引き締まります。姿勢がよくなるので、背が高く、スリムに見えるようになります（それが、ただちに若さにつながります）。

　額を下に向けて、うつ伏せになります。手のひらを下にして、両手をお尻の横に置き、足の親指どうしをくっつけ、つま先を伸ばして足の甲を床に押し付けます。その後手のひらを除く体すべて——胸、両脚、頭——を床から引き上げます。鼻先をじっと見つめてください。そうすると首に負担がかからなくなります。胸を顎に近づけ、顔は緩めて、軽く鼻先に視線を集めたままの状態を保ちましょう。

　もう一度同じことを繰り返しますが、今度は両手をしっかり組んで背中の後ろに上げます。心地よくなければ、手のひらを向い合せて肩幅に開き、両腕を前に伸ばしたら、両脚を30センチほど開き、スーパーマンが飛んでいるような姿勢にしてください。どちらの方法でもこの状態で5つ数えます。

弓のポーズ（ダニュラーサナ）

　背中、太もも、お尻を強化し、引き締めるすばらしいポーズです。きれいに後屈できる見た目にも美しいポーズです。まさに抗うつ薬になりますし、美的センスを磨き、人生におけるバランス感覚も身につきます。胸を顎に向かって引き上げることで、喉、首、顎を引き締めます。

　両膝を曲げてうつ伏せになり、足首か足の先をつかんでください。足を手の中に蹴り込むようにして、両脚、頭、胸を引き上げます。膝が痛くなければ、足の親指と両膝を互いに引き寄せましょう。このまま呼吸をしながら5つ数えてください。もう一度繰り返します。気持ちを穏やかにしてほほ笑みましょう。

橋のポーズ（セツ・バンダ・サルヴァンガーサナ）

　このポーズを行うと、腰が強化され、そのうえ、心臓が頭より上になる緩やかな逆転の状態になるので、アンチエイジングに効果を発揮します。首、喉、顎を引き締めるため、二重顎の予防になり、臀筋を鍛えるので、お尻がより締まって見えるようになります。また、下に向かって流れるエネルギーを逆行させ、胸に戻します。

　仰向けに寝て、膝を曲げ、両足を腰幅に開いて平行にし、床にぴったりつけます。手のひらを下向きにしてお尻の横に置きます。吸う息で骨盤、太もも、腰を天井に向かって引き上げてください。お尻を上げたまま両手を背中の下に入れ、マットの中央で手のひらを合わせて両手を組みましょう。両肩を引き寄せ、胸と顎を近づけます。足の内側の端と親

指を床に押し付けますが、両膝は腰幅に開いたまま平行にしておいてください。この状態でゆっくり5つ数えて深呼吸します。両手を体の下から出して、背骨の一番上から一番下まで、椎骨を一本ずつゆっくりと下ろし、もう一度仰向けになります。両足はまだ床についたまま、膝も曲げておいてください。もう1、2回同じことを繰り返します。もっとポーズを深めたい時は、背中の下で手を組む代わりに、両足を床に置いたまま、両手で足首をつかみましょう。

ラクダのポーズ（ウシュトラーサナ）

　このポーズを行うと、首、顎、喉のあたりが引き締まります。心臓がより高く上がり、頭が背中のほうに下がるので、心臓のエネルギーが高まり、血流が増え、緊張による顔の締め付けがなくなり、その結果、穏やかでリラックスした顔つきになります。支えが必要な時は、膝と骨盤を壁につけて行うこともできます。

　両足を腰幅に開いて膝をつき、つま先を立てます。胸を引き上げ、後ろにあるかかとを片方ずつ手で持ちます。頭を完全に背中に落としてしまうと、首を傷めてしまうので気をつけましょう。胸の中心から体を引き上げ、天井か胸に視線を定めます。心臓を上げると心拍数が下がり、血液の再循環を促します。そのためエネルギーが流れ、若々しい輝きがもたらされます。もっと上達したら、足の甲を床につけて、つま先を体から離して行ってもよいでしょう。腰の強さがさらに必要になるので、注意して行ってください。

デトックスのポーズ

　ストレスや食事からの老廃物は肌の表面に蓄積します。皮膚は体の主な排泄器官なので、老廃物や不純物を汗腺や毛穴から外に出します。それができなくなると、見た目に影響を及ぼすのです。たとえば肝斑、目のまわりのくすみ、荒れてかさかさした肌、どんよりした目、目の下のくまは、すべて栄養のバランスが悪いことと、肌表面に老廃物がたまることで起こります。このカテゴリーのポーズを行えば、老廃物が絞り出され、内臓や循環系の働きをよくします。ねじりのポーズと体側を伸ばすポーズが含まれます。

ねじりのポーズ

　ねじりのポーズは浄化を促し、スポンジのように内臓から老廃物を絞り出します。背骨がまっすぐ強くなれば、神経信号を受け取り、脳に伝達する機能がより強化され、精神活動が改善します。ねじりのポーズを行うと、今まで気づかなかった新しいものの見方ができるようになります。今まで見ていた景色のもっと先を見つめることで、新しい展望が開けるのです。このカテゴリーのポーズは刺激を与え、浄化を行います。正しく行うためには、ねじる時はしっかりと大地に根ざし、安定していなければなりません。背骨のねじりに合わせて視線も動かしましょう——視線を集中させると、目のストレッチにもなるので、老廃物で濁った目がきれいになり、目のまわりの筋肉も鍛えられ、引き締まり、しわもなくなります。

　さあ、みなさん、体をねじって大きな声を出しましょう！

座位のねじりのポーズ
（アルダ・マツィエンドラーサナ）

首、肩、目のストレッチをするのに適したポーズで、顔がとても若返り、強さも養うことができます。背骨が一直線に並ぶことで、脳につながり、脳から出てくる神経信号を強めて、思考力を高めます。

マットに座って左脚を伸ばします。右脚を持ち上げて、足裏を下向きにして左膝の外側に置きます。それから左脚を曲げて、左足がお尻の右側に触れるくらいまで近づけます。背中の後ろのほうに右腕を動かしましょう。あるいは15センチほど背中から離して、手のひらか指先を床につけます。そうすると右腕で背骨を支えることができます。吸う息で左腕を天井に向かって上げ、吐く息とともに胸に抱くように右膝を包み込みます。この状態で、息を吸いながら背骨を伸ばし、吐きながら視線を右肩に向けて胸の右側上部を右に向けます。深呼吸をしながら、ゆっくりと5つ数えてください。右膝をほどいて、上体、頭、首を中央に戻し、続いて左側に、背骨、頭、首をねじります。この一連の流れを反対側でもやってみましょう。

アレンジ：下になっているほうの脚の膝から下を、まっすぐのラインを通り越してお尻の向こう側に出し、足をお尻につけて座ってもかまいません。喉、顎全体をもっと引き締めたいと思ったら、ねじっている間にベビー・バードのエクササイズ（25ページ）を行ってください。

仰向けのねじりのポーズ

　このポーズを行うと、腰の痛みが緩和され、肩がほぐれ、胸が開きます。

　仰向けに寝て、両膝を胸に抱えます。円を描くように腰を回して腰椎まわりをマッサージします。できたら肩甲骨は床につけておきましょう。次に、膝を腰の真上に上げ、両膝をつけたまま左側に倒します。ストレッチを深めるために、左手で膝を持って下に押します。右腕は横に広げて、右肩越しに視線を送り、深呼吸します。右の耳たぶが床に届くようにしてみましょう。首と肩の緊張が緩み、額と眉間のしわを減らします。膝を中央に戻し、曲げた膝を右側に倒してください。今度は左肩越しに視線を送り、ねじりを逆にします。それぞれの側でポーズを保ったまま5～8つ数えましょう。

牛の顔のポーズ（ゴムカーサナ）

　このポーズでは、上腕と肩の筋肉が伸び、胸のチャクラが開き、リンパ節のデトックスができます。乳がんの予防のために行うことをおすすめします。リンパ系——体の主な排水システム——の流れをよくすると、老廃物が排泄されるので、目のまわりのくまやしみ、たるみができにくくなります。

　立って、肩を何回か回し、肩まわりを動かす準備をします。吸う息で右腕を上げ、肘から曲げて肩甲骨の間に下ろし、左腕は、下から肩甲骨に向かって上げていきます。互いの指先を近づけてみましょう。この状態で深くゆっくり5回呼吸してください。手が届かないようなら、ストラップやタオルを持って、

手と手の間に渡します。上腕に頭を押し付け、深く呼吸します。もう一方の側でもやってみましょう。

体側を伸ばすポーズ

　この種のポーズは体の脇を伸ばし、腹部のインナーマッスルを鍛えます。腎臓、肝臓、腸、膀胱といった排泄器官を浄化し、それによって顔の老廃物も排泄されます。顔のむくみと老廃物が原因のくすみを軽減します。シマリスの頬が膨らむように、頬にたるみが出やすい方は、体側を伸ばすポーズをやってみてください。

　こうしたポーズを上手に行えば、内臓にゆとりができたように感じるでしょう。ウエストを細くする効果もあります。偉大なヨガの指導者B.K.S. アイアンガーが体脂肪燃焼と呼んだポーズで、体幹を強化することで腰の痛みが軽減します。ポーズを行っている時に、腰を曲げないように気をつけてください。おへそから上を曲げて、肋骨を同じ方向に倒しましょう。

立位の体側を伸ばすポーズ

足を揃えて立ちます。指を塔のようにとがらせ（人差し指以外は組んで、人差し指のみ上に突き出します）、頭を両腕でしっかり挟み込んでください。肋骨を引き上げ、腰を少し前に傾けて正しくカーブさせます。尾骨は体の下に引き込みましょう。足裏を床に押し付け、太ももの内側を合わせます。それから、おへそから体を倒して、できるだけ右側遠くに伸ばします。5回深呼吸してください。両腕を頭の上に戻し、続いて左側に体を伸ばします。ここでまた5回深呼吸しましょう。中央に戻して両腕を解放します。

体側を伸ばすポーズ
（ウッティタ・パールシュバコナーサナのアレンジ）

これは、首、喉、顎を引き締め、目をストレッチし、デリケートな目のあたりのしわをなくすポーズです。

右足を前に出して、戦士のポーズ2（49ページ）の姿勢になりましょう。右手でこぶしを作り、右太ももの上に肘をのせて体を支えます。左腕を天井に向けて上げ、頭の上で斜めに伸ばします。顎先は胸に向けますが、目は上にある手のひらを見つめましょう。反対側でも行います。この状態で5～8回呼吸しましょう。

門のポーズ（パリガーサナ）

体の脇をストレッチするこのポーズを行うと、排泄器官（腎臓、膀胱、肝臓）の働きを助け、血行がよくなります。そのため、皮膚から老廃物が排泄され、肌が明るくなって透明感が増し、若々しくなります。また、ウエストと腰を伸ばすので、とても心地よく感じられます。

両膝を腰幅に開き、膝立ちになります。膝が痛いようなら、折り畳んだブランケットかタオルを膝の下に敷いてください。右脚を右に出して伸ばし、体はまっすぐにしたまま、お尻を引っ込めて平らにしましょう。飛行機の翼のように両腕を横に開きます。右のすねにつくまで右手を下ろし、左腕は天井に向けて上げます（左の手のひらは内側に向けてください）。その後体を右に曲げましょう。右腕は右のすねで軽く支えます。できるだけお尻が横にずれないようにしてください。この状態で6回深呼吸しましょう。息を吸いながら元に戻し、反対側で行います。

第4章
癒しの手技

　　や さしくさすれば心は癒され、乱暴にたたくと不快になります。背中をたたく時、気持ちよくなるか、それとも気分が悪くなるかは、たたく強さにかかわっています。スピーチもそうですが、心に触れるかどうかは、伝えられるものによって変わります。あまり、心を動かされないものから、明らかに感動するものまでさまざまです。

　さて、自分の体にどのように触れているか考えたことがあります？　一日のうち、肌に触れる機会は数えきれません。シャワーで背中を洗い、顔にスキンクリームを塗り込み、読書の後は目をこすり、髪を編み、上司と話している時に無意識に腕をなでることもあります。

　触れるということを理解するのは、まず触れていることに気づくことから始まります。自分の触れ方に気づけば、自分がどのように自分とかかわっているのかを知るきっかけとなります。顔ヨガのクラスが発展していくにつれて、自分の触れ方を知ることで、自分を

どう扱っているかに気づき始めました。私は、顔と体に大急ぎでクリームを塗っていることがよくありました。留守番電話のメッセージを聞きながら、うわの空で何かを塗りつけていたのです。いろいろなことに注意を向けるようになってから、もっと肌をいたわるべきだと思うようになりました。肌に注意を払い、やさしく触るようになってから、私の肌は、前よりも明るく、やわらかく、なめらかになりました。

　顔の皮膚はデリケートなので、それに合ったお手入れをしなければなりません。しわができるから顔を触ってはいけないとよく言われますが、それは間違いです。意識して触ると、皮膚はきちんと反応して、血行がよくなりエネルギーの滞りがなくなります。実際のところ、ほとんどの人がマッサージを望んでいて、マッサージ師はそれで生計を立てています。また、マニキュアをしてもらう人の多くは、ほんとうは包み込むように触れてほしいと思っているのです。この章にある技法に基づいて、自分で自分の顔に触れれば、マッサージすることによる数えきれない効果がもたらされます。

　マッサージは、肌にとてもよいのです。血流が増え、やわらかくなり、酸素が細胞組織に取り込まれ、デトックスを助け、激しい運動をした後、筋肉にたまる乳酸を取り除きます。肌に触れることを怖がらないでください。この章にあるさまざまなエクササイズには、軽くて力を入れないもの、上になで上げる（血流を増やします）ものから、円を描くようなマッサージや特定の場所に的を絞ってもっと圧力をかけたものまで、いろいろなタイプの触り方があります。指先でやさしくマッサージしたり、指関節を使って凝っている部分をしっかりほぐしたりします――状況に応じ、それぞれの方の悩みの原因によって変わってきます。マッサージする時は、いつもきれいな手で行い、皮膚を清潔にし、お気に入りのオイルやクリーム（第10章に載っている作り方を参照にしたり、市販の化粧品を使ったりしましょう）を塗って、肌に水分を与えてください。肌のどんな部分を触る時も、自分自身に意識を向け、敬意を払うような気持ちを持つところから始めましょう。

顔、首、頭皮への指圧とマッサージ

　　昔ながらの指圧の技術は文化にまで達していますが、もともとは中国に端を発しています。中国医学は、指圧（もうひとつは鍼(はり)）に大きな比重を置き、非常に高度な診断の方法と、ツボに基づいた治療により発展してきました。総体的な理論は、エネルギーが経路（体の中にある高速道路のようなもの）に沿って流れ、体中にあるツボと連結しているというものです。※神経終末もまたツボからツボへと流れ、臓器には四肢（足、手、顔）で終わるエネルギーの経路があります。今では多くの人が足にある指圧のツボを知るようになりました（中国マッサージのお店に行けば、ウインドーにそのツボを示した図が貼ってあるのを見かけたことがあるはずです）。足ほどは知られていませんが、手にもツボがあるのを知っている人もいます。それに対して顔の指圧のツボは、西洋人にとって、まだあまりなじみがありません。この章では、若返りを促進し、エネルギーの滞りをなくすために、顔、首、肩のツボへの簡単な指圧法をお伝えします。

※神経終末……神経繊維の末端で、細胞・組織とシナプス結合をしている箇所

ウォームアップ

頭を、左右に半円を描くように回すことから始めます。次に肩を上げたら後ろに回して下に下げ、終わったら逆に後ろから前に肩を回しましょう。2、3回やってみてください。首を軸にして首筋のストレッチのエクササイズ（29ページ参照）をします。唇の力は抜いておきましょう。

頭、首、頭皮

この一連のポーズは子どものポーズで行ってください。指先で軽く頭をつかみ、頭と首の継ぎ目から後頭部の筋に沿って親指でマッサージします。首の付け根の椎骨から頭蓋骨の下まで、頸椎の外側の端に沿って親指を上げて行ってください。このツボを中国医学では「風池（ふうち）」と呼び、エネルギーが集まるところと考えられています。ここをマッサージすると、痛みや頭痛がなくなるだけでなく、視力も回復すると多くの人が信じています。1〜2分間行いましょう。

親指以外の指で頭の横側を包み込み、シャンプーをするように頭皮全体をマッサージします。指先で円を描くように、こめかみ、頭の上部と進み、特に頭頂をていねいに行ってください。

頭頂

　中国医学では、頭頂を「百会(ひゃくえ)」と呼び、ここを通って体のエネルギーが流れます。ヨガにおいては、頭頂の中心は7つある主なチャクラの一番高い位置にあり、エネルギーが集まるところで、ここで神聖なるものを受け取るとされます。

　中指で頭頂にあるこのツボをさすると、めまい、頭痛、高血圧に効果があり、神経系にも働きかけます。頭全体を筋に沿って、頭頂のほうにほうきでかき集めるように、指で指圧してもよいでしょう。緊張、頭痛に効果があり、溜まったエネルギーを発散します。1〜3分間マッサージしましょう。

顔

　顔を明るく輝かせ、やわらかくするためには、自分で顔のマッサージをするのが一番です。その場合、保湿クリームや確かな品質の純粋なオイルを使いましょう。ただし、エッセンシャルオイル（少量のハーブや花のエキスを含んだもの）とは違います。今まで言われていたこととは違い、純粋なオイルは、きちんと処理されていれば、肌が油っぽくなることはなく、すぐ吸収されるので残留物が残りません。そこで品質が大事になってきます。皮膚は体のひとつの器官ですから、毛穴から吸収されたものが血管に流れ込んで運ばれていきます。純粋で、熱を加えずに圧搾された、アーモンドやセサミのオーガニックオイルは、一般に売られている安価な商品よりおすすめです。そのような安い商品には、聞いたこともないような、訳のわからない原料がいっぱい使われているからです。

　洗顔の後、横になって、少量のオイルを手に取り、最初は指先で額の中央から外側に向かってマッサージします。それから顔の輪郭に沿って、頬、顎、鼻と進み、やさしくマッサージをしてオイルを肌に染み込ませます。最後に顔の肌全体を軽くたたいて、オイルを毛穴に押し込みましょう。2〜5分マッサージします。

顎の解放

このマッサージは鏡の前で行ってもかまいませんが、シャヴァーサナの姿勢で、寝て行うとさらに効果が上がります。両手の人差し指の関節を耳たぶの下につけ、顎の上部から下に向かって、円を描くように顎の先まで下げていきます。下顎をゆったり下に下げ、顎を緩めるエクササイズのように舌を下顎に落とします。関節を顎の先まで下げていく時、こわばりがないかよく気をつけて、あればマッサージで揉みほぐします。緊張を感じた場所では、息を吐き出したり、「アーー」というような音を出したりして顎の緊張をほぐしましょう。上顎と下顎の間の関節は大切なツボで、とてもデリケートなので注意してマッサージしてください。歯を食いしばったり、歯ぎしりしたりする傾向のある方は、このツボをマッサージすれば緩和されるでしょう。怒りや欲求をすぐに表現できずにため込んだり、感情を押し殺したりすると、それはしばしば顎の緊張となって現れます。そのような方にも効果があります。

痛むところがあったら、マッサージをやめて、その部分を刺激するように「ハアーッ」とため息をつきましょう。緊張の原因となってきた感情から解き放たれます。生徒さんたちの中には、このマッサージをしながら、泣いたり、あくびをしたり、さらに笑い出したりする方が何人かいました。その時にこみあげてきた感情に任せましょう。顎の緊張がほぐれるにつれて、涙があふれたり、あくびが出たりしますが、とてもすばらしいことです。なぜなら、心から緊張がほぐれるので、体も解放され、それに自然に答えているからです。あくびをすると体に酸素が増え（そのため、疲れた時にあくびが出ます）、顔の筋肉の緊張もほぐれます。涙を流すことで、負担に感じていることから解放され、体内に溜まった環境汚染物質が洗い流されます。このマッサージは5〜10分間行いましょう。

頭皮を軽くたたく

　両手でこぶしを作り、メロンをたたくように軽く頭をたたきます。頭頂から始めて放射状に外側に向かってたたきましょう。苦悩から解放され、最新のテクノロジーのエネルギーを徐々に弱める効果があります。座ってコンピューター画面に向き合った後、気分転換にこのマッサージを試してみてください。頭と頭皮に血液が流れ込み、肌色が改善します。2分間くらいやってみましょう。

　また、背骨に沿って腰をたたき、背中の中央部までマッサージするのもおすすめです。お尻、腰まわり、太ももたたいてみてください。

　バリエーション：両脚を開いて座り、こぶしで脚の外側をたたきながら足首まで下がっていき、内側をたたきながら太ももの付け根まで戻ってきます。4回繰り返しましょう。

若返りのためのその他の顔のマッサージ

- **額と眉間のしわを取るために** 指の関節で、額の中央から外側に向かって、こめかみまでさすってください。このマッサージをすると、ストレスと頭痛が緩和されます。2分間行いましょう。
- **顔のしわを取り、小じわを予防するために** 副鼻腔の状態をよくするのに効果がある、大事な指圧のツボが鼻と目の間にあります。眉のアーチの内側を親指か人差し指で押しましょう。もう一度言いますが、これが副鼻腔の改善に効果的なのです。次に眉の上のほうの端をたたいてください。
- **目の下のくすみやたるみと戦うために** 鼻の穴の外側にあるツボをこすりましょう。ここを軽くこすると、目の下のくまやたるみの原因になる老廃物が、体から排出されます。
- **肌をデトックスし、酸素を増やすために** 頬の一番高いところを、人差し指で押しましょう。
- **顔の緊張を解くために** 緊張を払いのけるマッサージをやってみましょう。指先を額の中央に置いて外側に向かってまっすぐ横にすべらせます。3回繰り返してください。その後、手のひらを眼孔に軽く押し付け、指先を頬まですべらせましょう。3回繰り返します。
- **肌の色を明るくするために** 耳たぶの真ん中を親指と人差し指で挟み、横に4回引っ張ります。続いて耳たぶの下をつかんで、下に軽く4回引っ張ります。次に耳たぶの上をつかんで4回上に引っ張ります。古代インドの顔ヨガのテクニックで、顔の血流を促します。

体の指圧とマッサージ

　　顔をマッサージするのと同じ考え方で体もマッサージできます。やさしく、心を込めて、すべてを受け入れるような気持ちで行いましょう。あまり激しくやり過ぎず、自分へのごほうびととらえてください。自己を思いやり、気づかうことができるのは、なんと気持ちのいいことでしょう（顔のマッサージと指圧をする時と同じように、第10章のクレンジングとオイルの項目を参照して、体のケアにも利用しましょう）。

手

　　左手の甲から始めます。手の甲にオイルを塗ってさすり、それを指まで広げていきます。小指から始めて親指まで同じように行います。まず指の付け根の関節を、円を描くようにマッサージし、続いて中央の関節、それから指先へと上がっていきます。最後に指先を軽く引っ張って、たまったエネルギーを解放しましょう。その後、手のひらを上にして、外側から内側に向かって揉みます。親指と人差し指の間には、腸につながる重要なツボがあり、頭痛も緩和します。左手が終わったら右手で繰り返しましょう。左手と右手で感じ方に違いがありますか？　左手は女性的、右手は男性的と考えられていますが、右利きか左利きかで感じ方も違ってきます。両方終えたら、両手を勢いよくこすり合わせて温め、手のひらを目の上にのせると、目が眼孔に沈み込み、手の熱で温かくなります。

足

　　夜、一日じゅう働いてくれた足へのお礼として、特別なマッサージをしてあげましょう。足を洗い（浴槽に足をつけたり、10～20分間足湯をしたりしましょう——4分の1カップの※エプソムソルトに、大さじ1杯のベーキングパウダーを混ぜ、レモンかミントのオイル2、3滴をたらすと、とてもリフレッシュ効果のある入浴剤となります）、その足をやさしく拭いて、温めたオイル（水とよくなじみ、香りもいいので、ココナッツオイルかセサミオイルが気に入っています）で、まず足の甲をさすります。特につま先を念入りに行

いましょう。足の指の付け根を手の指で押して、指を回しながら指圧をします。次に、足を裏返し、足裏をくまなく揉みます。足にある指圧のツボは、頭は指先、内臓は足の中央部などというふうに、体のどこかとつながっています。かかとも上から下まで揉んでもいいのですが、かかとにある生殖器のツボとアキレス腱には注意してください。生理中の方や妊娠中の方はその部分を避けましょう。足のマッサージの後は、ソフトボールくらいの大きさと硬さのゴムボールを足で転がしてみてください。背中を壁につけて立ち、片足ずつボールの上に置き、足を前後に動かして、特に凝っている場所があったら足を止め、圧力をかけてほぐしましょう。そして深い呼吸ができ、力が抜けているか確かめてください。マッサージを終えたら、カップ1杯のお茶か蒸留水、または新鮮なココナッツミルクなどを飲んで、靴下を履いて寝てください。オイルが足に染み込みますし、シーツも汚れません。朝、目覚めて靴下を脱いだら、足の皮膚が赤ちゃんのようにやわらかくなっています。

※エプソムソルト……硫酸マグネシウムと呼ばれる硫酸塩とマグネシウムのミネラル化合物。イギリスのエプソムという場所で発見された結晶で、見た目が塩に似ていることから「エプソムソルト」と名付けられた。

脚

　脚全体にオイルを塗ります。左足の付け根から始めましょう。両手で脚を挟んで、外側から中央に向かって手のひらでたたきながら、脚の前側を足首まで進み、続いて後ろ側を足首から足の付け根まで戻ってきます。右脚でもやってみましょう。

　次に、両足を腰幅より狭く——12.5〜15センチくらい——開いて立ち、膝を固定しないよう軽く曲げます。左右の手で反対側の肘を握り、体を左右に揺らしてください。その後、両手をぶらぶらさせ、膝を上下に数回動かして、脚を揺すり、腰の緊張を緩めます。それが終わったら、足の付け根から足首まで、手の指をぐるぐる回しながらマッサージします。まず、脚の前側を、外から中央に向かって、円を描くように手の指を回しながら足首まで下がり、次に、足の後ろ側を、太ももの付け根から足首まで、同じように足の外側から中央に向かって、手の指で円を描くようにマッサージしてください。こぶしで脚をた

たいてもよいでしょう。脚の外側を下に向かって、その後、脚の内側を上に向かってたたきます。このマッサージは5〜10分くらいかかります。

揺れる木

　まっすぐ立ち、両足を平行にして腰幅より少し広めに開き、膝は緩めておきます。こぶしを作って体を左右交互にねじり、腕を自然に前後に振りながら、両手でお尻と前脚を軽くたたきます。膝は緩めたままその動きに合わせて動かしてください。適度に刺激があり、リズミカルなエクササイズなのでエネルギーを生み出します。気分がすぐれない時や、やる気が出ない時に有効です。

膝

　膝は地味ですが、大変重要な体の部分です。体をしっかり支え、大きな衝撃に耐えていますが、いつもほとんど不平を言いません。膝をいたわって次のマッサージをやってみてください。仰向けに寝て両膝を立てます。右膝を胸に抱え、左脚を伸ばします。右膝を抱えたまま左回りに円を描くように回し、次に両手の親指を膝頭に、その他の指の指先を膝頭の裏のくぼみに当てて、心地よいと感じる程度の強さで、ピアノの音階練習のように指を動かします。気持ちよければ、ふくらはぎの後ろ側やアキレス腱、足まで行ってもかまいません。その後、手のひらを膝頭の上に置いて、力を入れないで、やさしく円を描くように膝頭とその裏をさすります。左側も同じようにやってみましょう。5〜10分ほどかけて行ってください。

太ももの内側とおなか　女神のマッサージ

　太ももの内側とおなかを、心地よい女神のマッサージで癒しましょう。ヨガマット、あるいはやわらかいブランケットやタオルの上に寝ます。足裏を合わせて膝を左右に開きます。この姿勢で膝に負担がかかるようなら、巻いたブランケットやタオル、ヨガブロックなどの※プロップを左右の膝の下に置くと、膝と腰にかかる負担が軽減します。

　手のひらにオイルを取って、軽く両手でこすり合わせてください——オイルはサンダルウッドがおすすめです。この香りで心が落ち着き、リラックスできるでしょう——こする力を強くして、オイルを手で温めると、香りが広がって癒し効果が高まります。また、骨盤の上に手を置いて軽く押さえると、腰が緩みます。吸う息も吐く息も無理なく自然に行っていることを感じて、太ももの内側をやさしくさすります。太ももの付け根から膝の後ろ側まで軽くなでるように行ってください。太ももの上側も行い、その後、膝頭も円を描くようにさすりましょう。5分間行います。

　次に、膝の下に置いたプロップをはずし、両脚を伸ばしてシャヴァーサナの姿勢になり、もう一度プロップを膝の下にゆっくり置きましょう。左手を胸に置き、右手のひらと指先で、円を描くようにおなかをさすります。終わったら、胸とおなかに手を置いたまま目を閉じましょう。

　このマッサージは女性的で、受容的なエネルギーとつながるすばらしい方法です。両脚を壁に上げるポーズ（69ページ参照）で終えると最大限の安らぎとリラックス効果、そして女神のエネルギーが得られます。この軽い逆転のポーズを行うと、心臓と頭に血液がどっと流れ込みます。※プロップ……ヨガのポーズを補助する道具

腰

　腰は届きにくい場所なので、マッサージをする時は、重力、抵抗、床を利用します。いくつかのプロップを同時に使ったり、腰に気持ちのいいものは好きなように使ったりしてかまいません（ただし、椎間板に問題のある方は、特に注意してください。体をねじる際は、骨盤に力が加わらないようにしましょう。いつも背中の中央より上にある、おへその上でねじるようにしてください。その部分の骨は骨盤より小さいので動かしやすくなって

います。腰そのものをねじらないようにしましょう）。

　子どものポーズで深い呼吸をします。背中の下部分を骨に沿って、両手でやさしく揉みますが、骨を直接揉まないようにしましょう。尾骨から始めて、背骨に沿って上に向かい、両手が届くところまで揉んでください。数分行った後、今度は軽く手を握り、やさしくたたきます。吐く息に合わせて「アーー」と声を出してみましょう。

　続いて仰向けになり、両膝を抱えて胸に引き寄せます。こうすると横腹に重力がかかってうまくマッサージできます。膝を揃えて両足をマットの幅くらいに開いてマットに下ろし、両腕を胸の上で交差させ、右手は左肩に、左手は右肩に置き、背中全体をマットに沈めます。これは体を支える姿勢なので、力を入れなくても体が安定します。呼吸を直接腰に入れてみてください。その後、車のワイパーのように、ゆっくり両膝を左右に倒します。これを何度が行ったら、両膝を左に倒します。両腕を開いて、視線を右肩のほうに向けます。2〜3分間行いましょう。

　左手を右太ももの外側に置いて、親指で股関節の下にある、太ももとの接合部の溝（くぼみのように感じるところ）を探してください。その後、太ももの付け根から膝までを親指でこすります。太ももの外側にある靭帯（膝を安定させる役目もあります）が適度に緩みます。右側でも同じように行いましょう。

　最後はハッピー・ベビーのポーズで、両膝を直角に曲げたまま、両手で足の外側をつかみます。腰を前後左右に転がしてください（足の外側がつかめない場合は、タオルかストラップを使って補助します）。このポーズでは、大腿骨の付け根と太ももの後ろ側が十分解放されるうえ、体を左右に転がすことで腰のマッサージができます。3分間行いましょう。

　終わったら、膝をボールのように胸に抱えて、息を吐く時は後ろ、息を吸う時は前に体を転がしてください。弾みがついて背中全体をマッサージできます。体を転がす勢いで体を起こして座り、両脚を前に伸ばし、背筋を伸ばして前屈を行いましょう（たとえば、座位の前屈のポーズなど。58ページ参照）。もう一度軽く両手を握って、背骨に沿ってたたきます。今回は上から下に向かってたたきましょう。2、3分行ってください。

胸を開くマッサージ

このマッサージを行う時は、リラックスできる音楽を流してもかまいません。すべて行うと10〜15分かかります。

シャヴァーサナの姿勢になってください。膝やお尻にかかる負担を軽くしたいと思ったら、プロップ（巻いたブランケットやブロック）を使って調節しましょう。手にマッサージオイルを少し付けます。左手を下にして両手を重ね、胸の中央に置きます。目を閉じて呼吸の音に耳を傾けましょう。口を少し開いて、顎を下に落とし、舌は顎の底に楽に置いて、「アーー」と言ってみます。その音の響きを感じて、体と顔の力を抜きます。頭部、背中、腰、骨盤、脚、足の力が、床の上で抜けていくのを感じながら「アーー」という音を出し続けましょう。この音は心を開く音で、とても安定して、生気がみなぎっているという気持ちになるうえ、小じわもしわも驚くほど消えます。音の高さ、続ける時間をいろいろ試してみましょう。その音がリラックスした状態で出ていることが大切です。この部分のエクササイズは3〜5分行います

続いて、両手をこすり合わせた後、手のひらを目に当て、手の温かさを目で味わいます。次に両手を顔に移して、こめかみを揉み、続いて頭皮を引っ張り上げるように頭をマッサージします。頭頂が終わったら、額、頬、顎に進んで、唇や頬の内部まで揉みます。頬の内部を（親指と人差し指で、頬の内側と外側をつまむように）軽くマッサージし、首の付け根から顎の下までを、上に向かってやさしくさすります。このマッサージは5分くらい行いましょう。

上顎の上の耳たぶの下部分を人差し指で指圧します。次に人差し指を首に沿った鎖骨の上に当て、中央から肩に向かってさすります。肩を上に上げて、好きな強さで好きなだけさすってください。その後、親指以外の指の先をすべて胸の中心に置き、外側に向かって水平にすべらせます。5センチくらいずつ指を下げながら、胸の中央から外側の端ぎりぎりのところまですべらせることを繰り返してください、最後に左手を右手の下にして胸に戻し、アナハタ・チャクラ（胸のチャクラ）の上を、左から右に円を描くように両手でマッサージします。十分リラックスし、すばらしい体験に浸りましょう。

これに続いて、胸のチャクラを開く瞑想を行ってもかまいません（第7章参照）。

セルフマッサージのためにプロップを使う

　　セルフマッサージをする時はプロップが便利です。指圧を手伝ってくれる人がいない場合、物や重力を利用すれば、正確な場所でマッサージを深めることができます。ゴムのボールや円筒形や半円筒形の洗剤の容器は、筋肉や筋膜（結合組織）の緊張を解くのに最適です。そうしたものを体の下に置くと、体重がかかって、重力が利用でき、マッサージしている部分に圧力をかけることができます。たとえば、洗剤の半円筒形の容器の上に太もも外側を置き（手や額の上にも何か重しをのせて）、脚の外側を上げたり下げたりしながら転がしてみてください。その後、ゴムのボールを肩甲骨の下に置いてみましょう。寝て、膝を曲げ、肩の重みで背中上部の筋肉全体と腱を転がします。ゆっくり行い、圧力がかかると気持ちがいい場所があったら止まってください。そのまま呼吸しましょう。プロップを使う時は、自分の直感に従い、自由に試してみてください。ヨガブロックを1、2個使ってもよいでしょう。ブランケットが1、2枚あっても便利です。

第5章
呼吸のエクササイズ

呼吸は命とつながっています。生まれたその瞬間から、私たちは呼吸を始めます。そのため、呼吸を充実させることが、命の質を向上させることになるのです。プラーナヤーマ（呼吸法）のエクササイズをすれば、精神的、肉体的、感情的に健康な状態を保て、呼吸の能力が高まるとともに、生命力も確実に高まります。美の観点から言えば、顔全体に若さと活力をもたらすことのできる、価値ある方法なのです。

　酸素量が増えれば、肌の活力も増すので、血色がよくなり、たるみをなくす効果があります。また、治癒能力が高まり、白血球が増加して、感染を起こした部分の回復が早まります。筋肉が最大の力を発揮するためには多くの酸素を要するので、深い呼吸をすれば、顔の筋肉の柔軟性、弾力性を無理なく保つことができます。さらに、神経系にも働きかけ、リラックスでき、心が解放されます。そのため、顔の老化の原因となる、恐れ、不安、怒り、緊張といった表情をしなくなります。

深い呼吸は交感神経系を鎮めるので、※闘争・逃走反応が起きにくくなります。今日では、マンモスに攻撃されるような自然の脅威よりも、心にふと浮かぶ心配や先行きへの不安に脅威を感じます。交感神経系が脅威を感じると、防御モードに入ってがんじがらめとなり、アドレナリン、エピネフリン、ノルエピネフリンなどのホルモンを多量に生成します。また、筋肉を動かすのに欠かせない栄養素（必要のない時には、体に害を与えることもあります）を排出し、消化器官の働きも抑制（恐れを感じると胃が痛くなります）します。これらはすべて体を害することで、老化を早めてしまうのです。

　闘争・逃走反応が起きると、涙腺や唾液腺の働きが抑制され、脱水状態になり、瞳孔や血管を拡張させます。直後には、闘争・逃走反応が強く出て、それがストレスとなるため血色が悪くなり、髪の毛は逆立ってしまいます。その状態がずっと続くと、長期間にわたり健康問題に悩まされることになります。これらすべてが老化に関係しているのです。

　恐れやストレスに反応して、歯を食いしばったり、顔の筋肉を締め付けたりすると恐れの仮面となって顔に貼り付きます。このような表情は、無意識に繰り返しているうちに顔に刻み込まれ、ついにはその人を象徴する表情のサインとなって定着してしまいます。トランプのジョーカーや悲劇や喜劇に象徴されるグロテスクな仮面を思い浮かべてください——年を取れば取るほど、繰り返してきた表情が深く染み込んでいます。誰もが何度も繰り返してきた表情を自分の顔に刻みつけているのです。

　深呼吸すると心拍数が下がり、循環系に酸素が送り込まれ、また、神経系を鎮めるので、感情的になったり、気持ちが高ぶったりした後に、闘争・逃走反応が起こりにくくなります。つまり、深呼吸をすると闘争・逃走反応がすぐになくなり、急速な老化の進行を止めることができるというわけです。

　偉い僧侶のように、いつもしわのない穏やかな表情でいたいと思いませんか？　何かにつけて脅すような感じで、怒ったようなしわを寄せた顔よりも、愛情にあふれた母親のような、やさしい慈愛に満ちた顔のほうがいいのではないでしょうか？

　ヨガでは、呼吸法にはとてもパワーがあると昔から考えられてきましたが、ある経験豊かな先生の研究でそれが明らかになりました。ある種の健康状態の人はプラーナヤーマをしてはいけないとされています。これらの呼吸のエクササイズをしても大丈夫かどうか主治医によく相談してください。しかし、この章にある呼吸のエクササイズは、無理のない

安全なものなので、日常的に行えば、すぐに結果が出て、明るく輝く、しわのない肌を手に入れることができるでしょう。

※闘争・逃走反応……動物の交換神経系が恐怖に反応して、自分に戦うか逃げるか迫る反応のこと

横隔膜式呼吸

　呼吸をコントロールする時に、最も大事な点は横隔膜を使うことです。たいていの人は横隔膜ではなく胸で呼吸しています。これでは下胚葉に十分な酸素が取り込めないので、呼吸ガスの健全な交換をさまたげてしまいます。

　そのうえ、横隔膜式呼吸は胸腔内の吸気圧力を高め、血液を静脈に戻す力を改善し、また循環機能を強化することで心臓への負担を減らします。

　横隔膜式呼吸を実際に観察したいと思ったら、眠っている赤ちゃんや犬を見てください。動物や子どもは横隔膜式呼吸の達人です。よく見ていると、自然な呼吸の状態というのは、これほど穏やかなものだとわかります。

　ヨガマットの上で仰向けになり、片手を胸の中央に、もう片方の手を肋骨の下に置いてください。息を吸いながら、肋骨の下側が膨らんで、おなかが上がっていくのを感じ、息を吐きながら、肋骨の下側がへこみ、おなかが下がっていくの  を観察しましょう。ほぼ胸の下だけが動いているはずです。この呼吸はシャヴァーサナ（亡骸のポーズ）をしながらでもできます。両脚を腰幅に開き、手のひらを上に向けて、肩は床に落として緩めます。ゆるく巻いたブランケットを膝の下に敷いたり、アイピローを使ったりすると、最大限のリラックス効果が得られます。2〜3分行ってください。

　立って横隔膜式呼吸を行うこともできます。両脚を腰幅くらいに開いて膝を緩め、片手を下腹に当てましょう。おなかに直接息を入れ、おなかにある手が上がったり下がったりするのを感じてください。

　一日のうち何回か、呼吸でおなかがふくらんだりしぼんだりしているか確認しましょう。

呼吸が浅くなっておなかが動いていないとわかったら、意識して横隔膜式呼吸をしてください。おなかに手を当てて、呼吸が直接、しっかりおなかに入っているか確認します。机に向かって座っている時は、座ったまま背筋を伸ばして、視線の先をまっすぐ見つめ（たぶんコンピューター画面だと思いますが）ます。椅子にもたれかかるのはやめましょう。一日じゅう机の前に座っている方は、まっすぐ座るため、人間工学に基づいて作られたテンピュール素材の枕（エルゴノミック・ピロー）を支えとして使ってもかまいません。そうすれば背骨を自然な状態に保ち、深い呼吸ができるようになります。

皮肉にも、多くの人——特に女性——は、はじめこの呼吸をするのを怖がります。おなかがたるんでしまうのではないかと思っているからです。おなかがふくらむことを恐れないでください。教室では、呼吸でおなかがふくらむことについて、いつも生徒さんに説明しなければなりません。呼吸で一時的におなかがふくらんでも、食べ過ぎの場合とは違いずっとその状態が続くわけではありません。また、たばこの煙を吸い込むのは、深く息を吸ってリラックスしようとすることなのです——たばこを吸うのは、結局深呼吸をしているのと同じです。深呼吸をすることで、心地よいひと時を実感できるのです。意識して横隔膜式呼吸を行えば、毎日の生活が心地よくリラックスしたものになるでしょう。

カパーラバーティ呼吸

カパーラバーティ呼吸（頭を輝かせる呼吸）は、老廃物を体から排出し、倦怠感をなくすのに大きな効果があり、名前が示すとおり顔に輝きを与えます。副鼻腔と呼吸器系を浄化し、おなかを引き締め、消化器系を整えます。横隔膜式呼吸の一種で、酸素量が増え、いらない空気を肺から排出します。心臓がしっかり動く時に、横隔膜の筋肉が心臓の下をマッサージすることになります。大事なのは息を吐くことで、力強くすばやく鼻から息を吐き、すぐにさらにすばやく息を吸うことを繰り返します（私の先生のひとり、ピーター・リッツォは矢継ぎ早に鼻をかむ呼吸と呼びます——ティッシュがあるととても便利！）。この呼吸をすると、血行がよくなり、老廃物が除去されるので、すぐに体が元気になるうえ、浄化の効果は絶大です。

スカーサナ（楽に脚を組んで座る姿勢）で座ります。坐骨を床にしっかり下ろし、背筋

を伸ばしてください。胸を広げ、肩甲骨を下げましょう。手のひらを上に向けて膝の上に置き、鼻から深く息を吸って骨盤底まで届けます。大きく息を吐いて、すべての息を吐き出しましょう。続いて心地よく感じるくらい息を吸ったところから始めます。吐く時は鼻から勢いよく吐き、その勢いにまかせて自然に息を吸い込みます。16回繰り返しましょう。

　16回目に息を吐く時は、残っている息をすべて吐き切り、息を残さないようにします。その後、肛門と生殖器の間の部分を上に上げて、筋肉を締め、ムーラダーラ・バンダ（基底の締め付け）を行います。続いて、おへそより5センチほど下を引き込んで上に上げ、ウッディヤナ・バンダを行ってください。これらふたつのバンダを行ったら、胸の上部の空間に心地よく呼吸を入れ、その部分を風船のようにふくらませましょう。吸い終わりに息を止めて、顎を胸のほうに引き寄せ（喉の締め付け、ジャランダーラ・バンダ）ます。こうして息を止める（クンバカ）は、かなり力が必要なので、顔の筋肉を硬くしたり、無理に締め付けたりしないように気をつけましょう。この呼吸をすると、ちょっとしたことで気持ちが動揺することがなくなると言われています。プラーナ（生命力）を胸の上部の空間に向け直すので、下に流れるエネルギーを上に引き上げます。この呼吸が16回できれば、40回でも60回でも行うことができます。とてもすばらしい呼吸法で、衰えたエネルギーが再生します。

ナウリ・クリヤ

　クリアとは浄化ということで、ナウリ・クリヤはおなかを引き締め、消化器系を浄化します。

　両足を腰幅に開いて立ち、膝は少し緩めておきます。息を吸いながら背中をそらし、息を吐きながら膝を軽く曲げたスクワットの姿勢になります。口から息をすべて吐き出した後、お尻を突き出し、おなかをへこませます。背中を丸めて、顎を喉のくぼみに向けて、ウッディヤナ・バンダを行ったら、息を止めたまま数回、恥骨の一番下からおへそに至る腹筋をベリーダンサーのようにくねらせてください。無理に腹筋を突き出したりせず、おなかの内部の動きに意識を集中しましょう。息が苦しくなったら、もとの姿勢に戻り、顎を胸に向けたまま膝を緩め、最後に頭を上げます。息を吸い、背中をそらせましょう。2回繰り返します。

　このエクササイズは、顔ヨガのクラスで、いつも大変人気があります——即座に大量の酸素が行きわたるので、肌がほんのり赤みを増し、顔が輝くうえ、体にエネルギーが満ち、体温が少し上昇します。激しく動いて、エネルギーを放ちますので、胸がちくちく痛くなったり、少しめまいを感じたりするかもしれません。

　注意：このエクササイズは満腹の時には行わないでください。また、高血圧、※裂孔ヘルニア、心臓病のある方、妊娠中または生理中の方は行わないようにしましょう。

※裂孔ヘルニア……正常な状態なら食道だけが通っている横隔膜の開口部から、胃の一部が突き出している状態

片鼻呼吸（アヌローマ・ヴィローマ）

　これはよく行われるプラーナヤーマの呼吸法で、さまざまな部分に効果があります。顔の美しさという点から見ると、年とともに小鼻がふくらんでくるのを防ぎ、鼻の形がよくなって引き締まり、輪郭がはっきりします。また、ふたつの大きなエネルギー系——太陽と月の経路——を等しくする効果があります。人間はしばしばどちらか一方の鼻からたくさん呼吸をするので、バランスが崩れるのです。このエクササイズをすると呼吸が均等に

できるようになります。主に左側の鼻で呼吸すれば、創造的で受容的な考え方になり、主に右側で呼吸すれば、もっと支配的になり、物事を早く片付けようという考え方になります。

　スカーサナ（楽に脚を組んで座る姿勢）になります。右手の人差し指と中指を手のひらのほうに曲げます。左手は親指と中指をつないで輪を作り、手のひらを上にして左の太ももか膝に置きます。右手の親指と薬指を使って、左右の鼻孔を通る呼吸の流れが均一になるように調整します。右手の親指で右の鼻孔をふさいで息を吸い、そのまま左の鼻孔からゆっくり安定した息を吐き、すべて吐き切ります。

　吐き終ったら、今度は薬指で左の鼻孔をふさぎ、右の鼻孔を開きます。スムーズに十分な息を吸いましょう。右の鼻孔から息を吐いたら、左の鼻孔から息を吸い右の鼻孔から息を吐くことを2回繰り返し、3回目は右の鼻孔から息を吸い、同じ右の鼻孔から息を吐きます。それから右の鼻孔をふさいで、左の鼻孔で息を吸って吐きます。今度は左の鼻孔をふさいで息を吸って吐くことから始め、左右を逆にして同じことを繰り返し、そこまでを1セットとして全部で3セット行いましょう。この呼吸でもっと心地よさを感じたかったら、鼻孔をふさがないで左右を変えながら行ってみてください。この方法はより難しいのですが、正規のやり方なので、鼻の形がさらによくなります。

　片鼻呼吸は心を鎮めるので、一日のうちの好きな時に行ってください。

ウジャイ呼吸

　ウジャイ呼吸はサンスクリットのjai（勝利）からその名がついています。部分的に鼻呼吸を制限（喉の奥または声門に息を保留して制限します）して、音を出しながら深く呼吸する方法です。循環器系と呼吸器系に、きれいな息が深くまで届くと考えられています。鼻呼吸をすると、鼻粘膜がフィルターの役目をして、口呼吸よりも不純物のない息が届きます。アーサナを行っている時に、ウジャイ呼吸をすると、気持ちを集中させることができ、体により多くの酸素が届くので、血液、細胞、神経、筋肉に酸素が増えます。その結果、気持ちが落ち着き、体が強化され、柔軟性も増します。顔の血行もよくなるので、肌が明るくなり、ほんのり赤みが増します。鼻から息を吸って、口蓋（口腔の上壁）の上部

に直接息を入れ、その息を喉の奥に送るとささやき声のような音が出ます。息を吐く時も喉の奥の一番上、そして口蓋の上部に当てて吐くと、同じ音がします（その音はスターウォーズに出てくるダース・ヴェイダーが発する「シューシュー」という機械的な呼吸音に少し似ています）。この息の音をよく聞いて瞑想したり、アーサナを行ったりすれば、意識がより集中します。

火の呼吸（アグニ・プラーナ）

　この呼吸は、名前が示すとおり、熱を発生させる効果があります。安楽座のポーズやテーブルのポーズ、さらにレベルアップして、体を斜めにして行う板のポーズなどを行っている時に火の呼吸をしてみてください。これはすばやく行う横隔膜式呼吸で、鼻から吸う息と鼻から吐く息の長さを均一にして行います。すばやく、たくさん──1回の呼吸に1秒かけずに──呼吸しましょう。重要なのは息を吸うことで、息を吐くのは成り行きにまかせて自然に行います。汗が出たり、頭がふらふらしたりするかもしれませんが、過呼吸にはなりません。火の呼吸の音を聞くと、ハイエナがくんくん鼻を鳴らす音を思い出します。いろいろ考えてみましたが、結局その音と似ています。

　火の呼吸を行うと、ストレスが軽減し、エネルギーと忍耐力が増します。いつもの衝動が起こらなくなるとともに、肺の粘膜組織から老廃物を排出し、交感神経系と副交感神経系のバランスを整え、神経刺激が正常に伝わり、エピネフリン、ノルエピネフリン（脳に心地よいと感じさせる神経伝達物質の一種で、これらがあると楽観的な気持ちになり、食欲が正常に保たれます）がたくさん生成されます。顔はつややかに輝き、なめらかになります。

　意識を集中する呼吸を身につけることがヨガには不可欠です。そして若さを保ち、美しさと生活の質を全般に向上させるためになくてはならないものです。呼吸法のよい点は、比較的簡単にできて、短期間ですばらしい効果を上げるところです。どんなに時間に追われ、急ぎの仕事があっても、ペースを落とし、意識して呼吸のエクササイズを行うことはいつでもできます。手軽にやろうと思えば、ちょっとした空き時間に、自分の呼吸とその

リズムに注意を払ってください。そうすれば心は鎮まり、存在感が増し、大地にしっかり根ざした感覚になれるでしょう。ヨギの間では、呼吸のエクササイズは金よりも価値があると考えられています。元気になり、若さを保つ、神聖な秘訣なのです。

第5章　呼吸のエクササイズ

第 6 章

声を出す

「ハレ ラーマ、ハレ ラーマ、ラーマ ラーマ、ハレ ハレ、ハレ クリシュナ、クリシュナ クリシュナ、クリシュナ クリシュナ、ハレ ハレ……」この※キルタンのマントラ（精神修養のためみんなで詠唱するフレーズ。神聖な詩文や節からなる静かな語りかけの言葉）を聞いて、私は背筋が震えました。蒸し暑いニューヨークの夏の盛り、マンハッタン2番街に昔からあるジヴァムクティ・ヨガセンターでのことです。人気のある、有名なクリシュナ・ダスが、ハルモニウム（ヨガで使うアコーディオンもしくはキーボードのようなもの）を弾き、インド人のミュージシャンたちを指揮し、それに合わせて200名ほどの人々がマントラを唱えていました。

ろうそくの炎が揺れる中、私が満面の笑みを浮かべてまわりを見回すと、人々が腕を広げ、体を揺らしながら、やさしく晴れやかな顔をしていました。お香の香りがあたりに漂い、ひとりの熱心な参加者が部屋を歩き回って、人々にうやうやしくプラサド（神の恩恵

の象徴となる聖なるデザート）を配っています。私たちは、時には静かに、時には大きな声で一緒に歌っていました。声が大きくなるにつれてだんだん心が開き、互いに打ち解けあいました。ここにはあらゆる色の肌をした、18歳から80歳までの幅広い年代の人々が集っています。経済的な背景も職業も違えば、信仰もさまざまです。

　その瞬間に共通していたのはただひとつ、みんなの顔が輝いて、とても若々しいということだけでした。誰もが喜びに満ち、緊張から解放されていました。私が人前で歌っていた頃からずいぶん経っています。以前はこんなふうに心穏やかに、自分を意識せず歌ったことはありませんでしたが、今私はジヴァムクティ・ヨガセンターで泣き始めていたのです。悲しいからではなく、心の中にはっきりと喜びを感じたからです。

　最後に、私がこんなふうに精いっぱい表情豊かに歌ったのはいつのことだったでしょうか？　そんなことはなかったように思います。私は俳優として訓練を受け、舞台で実際に歌ってきましたが、これほど声を出して、感情にとらわれずに歌ったことは一度もありませんでした。たぶんこの時は演技者ではなかったからでしょう——喜びのために歌う自由を体感していました。ヨガセンターを後にして、混雑したイースト・ヴィレッジの通りに戻ってくると、人々が向こうから私にほほ笑みかけてくれるのです。なぜ人々がほほ笑みかけてくれるのか、まったくわかりませんでしたが、セント・マークス・プレイスのお店の鏡に映った自分の顔を偶然見た時、初めてその訳がわかりました。私はほほ笑んでいたのです。どこも締め付けたりせず、口を横に大きく開けていました。たぶん何時間もの間、私はこの笑顔のままでいたのでしょう。なぜだかわかりません。

　その夜、深い愛情から出る喜びにあふれたマントラを、ヨガのクラスで紹介しました——すると私の顔に即座にその結果が現れたのです。もう30代だというのにナイトクラブで身分証明書の提示を求められるようになりました。年齢の割にはませていた10代の頃には、そんなことはなかったのに。今は33歳ですが、前よりずっと見た目が若いのです。たまに友だちや知人にばったり会うと、必ず聞かれます。「ずっと何をしてたの？　すごくすてきだわ！」と。スパにも行っていないし、休暇を取ってどこかへ出かけることもなかった、ただキルタンの集まりに参加していただけ、と答えると、誰もが驚きます。あの夜に感じた自由の感覚は、何度も何度もよみがえってきました。ボイス・トレーニングを何年もしてきましたが、キルタンで感じたようなことは一度もありませんでした。

最後に歌の集まりに参加したのはいつですか？　人前で歌ったのは？　ほんとうに声を荒らげたのはいつが最後？　その時どんな気持ちになりましたか？　運転中に誰かが前を横切った時かもしれませんね。この時代、車は声を出して自分を思うまま表現できるたぐいまれな場所です。だって誰も聞いていませんから。

　ほとんどの人にとって、思い切り声を出すことはまれで、怒った時やものすごく怖い時、うれしくてたまらない時といった、感情が最高に高まった時くらいです。社会的にも、言葉で表現する機会が明らかに少なくなってきました。多くの人は口で伝えるよりむしろ、一日じゅうコンピューターのキーボードをたたいて何かを伝えています。口は締まりのない添え物となり、自己表現の道具というより、飾り物となってしまったかのようです。

　話したり、歌ったりして自己を表現することで生まれてくるほんとうに喜ばしいことは、楽しみだけではないのです。人間というのはもともと音を出したり、声で意思疎通を図ったりするようにできているのです。基本的に、私たちは今もまだ感情や思考を外に出す必要があります。それを抑制していると顔や体に影響が及びます。顎を締め付ける、肩を丸める、胃酸過多で胸やけがする、こぶしを握り締める、お尻をこわばらせるなどはすべて感情を外に出せないことで起こる症状です。感情を抑えつけた結果、しかめっ面になったり、ほうれい線ができたりします。感情や思考が常に抑えつけられていると、顔にしわができてしまいます。顔ヨガプログラムでは、抑えつけてきた緊張をただ解放するだけなのですが、それを行えば、誰もが1時間で顔の見た目が10歳若返ります。

　声を出すことでほんとうは何が起こっているのでしょうか？　唇、歯、舌、顎、喉頭（発声器官）、声帯、食道（気管）、横隔膜、肺といった体の部分が、すべてかかわって声が出てきます。話そうという刺激が脳に伝わり、横隔膜そして肺に呼吸が取り込まれます。その後、その息が食道と口を通って戻ってきて、顔や頭部の骨に共鳴し、言葉や叫び声、歌となって吐き出されます。

　声を出すことの、興味深くて、他にはない特徴は、感情が深くかかわっているということです。何かを伝えたいという気持ちは、純粋に生き残ろうとする身体的な欲求だけではなく、感情によるところが大きいのです。脳が衝動的に出る（善悪の判断をしたり、批判したりする）音にかかわる時間が少なければ少ないほど、通常声はもっときれいで澄んだものになってくるのです。

声に出して自分自身を表現できなければ、強いストレスになるばかりでなく、時には害になります。英語にはうまくそのことを表現した言葉がたくさんあります。「biting my tongue（黙り込む）」、「swallowing my pride（自尊心を抑える）」、「grin and bear it（笑ってこらえる）」などです。おもしろい表現ですが、以前はいつもやっていた歌の練習が行き詰っている私には少し悲しく聞こえます。科学技術が高度に進化して、人々はかつてのようにお話を語ったり、歌を歌ったりするために集まることがなくなりました。こうして自分を表現する機会が減ることで、体と心の健康を損なうのではないかと思います。

　歌うことは感情を表現するすばらしい方法です。いくつかの文化圏では、歌うことが今も地域に溶け込むために不可欠です。日本人は仲間で行う儀式として、歌うことを非常に大事にしています。カラオケを発明したのが日本人だというのは驚くことではありません。日本では、会社や学校に、折に触れてみんなで歌う決まった歌があることが珍しくありません。ラテンアメリカの多くの国では、パーティーの時、ギターの伴奏に合わせて歌うのが普通です。残念なことに、アメリカ合衆国では人前で歌うことをためらうように思います。それでも私たちは歌の不思議な力に魅力を感じ、その証拠として「アメリカン・アイドル」のようなオーディション番組に夢中になっています。教会や学校の聖歌隊に参加している人はごく少数で、多くの人にとって、人前で歌う機会は競技場だけとなっています。

　ヨガの理念では、自己実現（悟り）に至るためには、さまざまな道があるとされます。そのうちのひとつがバクティ（神への信奉）の道です。バクティ・ヨガでは自己実現をかなえるためにマントラを唱え、歌います。このように強い力を得るために声を出すことは、伝統的な精神修養として尊ばれています。特にインド南部では、キルタンに参加するために人々が遠くからやってきます。バクティの道は喜びに満ちたもので、キルタンに参加することは現実を超越した体験なのです。同様にアメリカではゴスペルの音楽がそうした伝統を守っています。

　声を出したり歌ったりするエクササイズをすると、それが自分の精神状態や気持ちにどのように作用するかということに気づくようになり、声帯と顔の筋肉がどのようにほぐれていくかがわかります。この力強いエクササイズの振動に身をゆだねれば、エネルギーが高まり、見た目も若々しく変わります。

※キルタン……サンスクリット語で「歌う」という意味。音楽とともにサンスクリット語のマントラを詠唱するバクティ・ヨガの練習法。

ぶどうを摘む

　楽に立って、腕は体の横に、足は腰幅に開き、膝は緩めておきます。鼻から息を吸って、腕を天井に向かって上げたら息を止め、腕を交互に伸ばしてぶどうを摘む動作をします。摘むたびにもう少し息を吸い込みましょう。これ以上息が吸えなくなるまで続けてください。続いて、息を吐きながら背中をそらせ、腕を下に振り下ろしながら膝を曲げ、体を折って前屈を行います。3、4回繰り返しましょう。このエクササイズをすると、肋間筋が伸び、呼吸の能力を高めます。さらに呼吸を取り込んで、力強く声を出してみましょう。顔に多くの酸素が流れ込みます。

オームの音

　マットの上に寝て、足裏を合わせて膝を大きく開く、寝た合せきのポーズになります。膝がきついようなら、何かプロップを膝の下に置いてください。両手をおなかの上にのせ、口は大きく開きましょう。下顎の力を抜いて、舌を顎の底に沈ませ、「アーー」と言ってみましょう。

　次に両手を胸に移し、「オーー」と言います。唇を丸くしてこの音の振動を感じてください。

　続いて、両手で頭を横から挟み込み、「ムーー」と言ってみましょう。「ムーー」という音の振動に身をゆだねましょう。体のどこかでその振動を感じてください。

　最後に3つの音、「アーー」「オーー」「ムーー」をすべて声に出してみます。その音がどこから出て、どこで終わっているかわからなくなるまで続けましょう。できるだけ口を大きく開きますが、リラックスした状態を保ち、頭がくらくらしないようにします。この「オーム」の音を出すと、感情、心、肉体、精神すべてが健康になります。

　このエクササイズは、楽に脚を組んで、クッションの上に座って行うこともできます。

終わった後は、横になるか、それに準ずる休息の姿勢で休みましょう。寝て音を出すと、緊張がなくなり、呼吸が楽になります。

仰向けになって母音を発音する

　仰向けになって膝を曲げ、足裏を床につけます。楽な気持ちで無理なく呼吸してください。片手を下腹にのせ、呼吸とともに上下するのを感じましょう。この状態で音の通り道を思い描きます。頭頂から始まり、気管、食道、横隔膜をスムーズに通って、おへそより5センチほど下にある骨盤底に至る大きな道です。呼吸をしながら、音の刺激を、頭頂あるいは鼻や口（自然に流れると感じる場所ならどこでもかまいません）から流してみましょう。骨盤底に届くように、やさしく「シューー」という音を出してみましょう。

　このエクササイズを3～5分間続けてください。音を出す時は力まないようにしましょう。無理なく「シューー」という音を出してください。次に呼吸を音ととらえて吐く時にハミングをしてみましょう。その音が横隔膜から上がってくるようにします。音の刺激を頭頂から骨盤底に流し、骨盤底で軽く放ちます。横隔膜から音を出す時には力を入れず、しゃっくりが少し強くなるような感じにしてください。ハミングのエクササイズを2分間行いましょう。

　続いて「アーー」の音を出してみましょう。口を軽く開けて顎の力を抜きます。音を出しながら息を吸って骨盤底に入れ、口から「オーー」と言いながら息を吐きます。数回繰り返します。その後「エーー」「イーー」と続けます。母音すべてで行ってみましょう。決して力まないでください。どこにも力が入らず、リラックスした状態で行います。母音によって色や響き方に違いがあるか、観察してください。それぞれ体の違う場所から出てきていますか？　ある母音が他のものより心地よいでしょうか？　それぞれの母音を特別な色で思い描きましょう。

顔を引き締めるための短い母音エクササイズ

　この母音のエクササイズを、顔のためだけに短く行うこともできます。鏡を見てすべて

の母音を発音してください。大げさなくらい口を大きく動かして行うと、母音を明確に発音することができます。5回繰り返すと、頬、唇、顎が引き締まります。

子音

　子音の場合は、音を作り出すところも、感情の質も違ったものが体験できます。子音は母音より難しく、鋭い音で、もっと力強さが必要になるものがたくさんあります。自分の感情——特に激情や怒りといった激しい感情——を表現する時に使ってみてください。口やその他の発声器官を鍛えられます。

　仰向けになって膝を曲げ、片手をおなかの上に置きます。頭頂から、呼吸とともに音の通り道を通って音が下に流れ、子音として発音されて体から離れます。アルファベットを最初から最後までひとつずつ言ってみましょう。ひとつひとつ文字としてとらえるのではなく、子音を単なる音として発音します（たとえば、b、c、d、fは、はっきりと、鋭く「ブッ」「クッ」「ドゥッ」「フッ」という具合です）。ここでもまた、それぞれの色と感情が自分の中を流れていくのを感じましょう。どの音がより表現しやすいと感じるか、満足できるものなのか、観察してみてください。

マントラを唱える

　サンスクリット語でマントラを唱えるのは、声にとてもよい効果があります。サンスクリット語は音を振動させる言語なので、音を出しやすく、体が温まって声が豊かになります。音階を歌うというより、マントラを音階のように（ドレミのように）言ってみてください。低い音から始めて、繰り返すたびに少しずつ音を高くします。口は開いたまま、舌は顎の底に落として行いましょう。首を突き出すと緊張するので、声が出なくなります。膝は緩めておきます。唱えているうちに体が温まってきます。これからマントラをたくさん紹介しますので、その中から選んでください。10〜20分間マントラを唱えると、瞑想したくなるかもしれません——このエネルギーにあふれるエクササイズは集中力を高める効果があります。終わったら顔を見てください。その変化にきっと驚くはずです。楽しみ

ですね！

（サンスクリット語について：特別な信仰があってもなくても、これらのマントラを唱えることには効果があるのです。宗教的ではなく精神的なものなので、すべての人を包み込んでくれます。ヨガは宗教とはみなされていません。哲学であり科学です）

種（ビージャ）のマントラ：音による瞑想

　ヨガ哲学では、チャクラは体の主なエネルギーの通り道にある車輪です。7つの主なチャクラは脊柱に沿ってあり、1番目の基底のチャクラは背骨の一番下にあります。2番目のチャクラはおへその下、3番目はみぞおち、4番目は胸の中央、5番目は喉、6番目は眉と眉の間（第3の目）です。最後のチャクラは頭頂にあり、「千枚の花びらを持つ蓮」と呼ばれ、最も進化したところとされています。ヨガ哲学においては、ここが目に見えない不思議な力につながる道と考えられています。

　それぞれのチャクラにはビージャ・マントラ（基本となるマントラ）があり、これらの言葉を唱えると、力があふれ、生命力と想像力が増すうえ、一日の緊張を解きほぐし、心が鎮まり、落ち着きます。

　楽に脚を組んで座ります。心地よくするために、いくつかのプロップを使ってもかまいません。手のひらを上にして、両手を膝の上に置きます。親指と人差し指を付けて輪にしてください。

　背骨の一番下から頭頂まである、それぞれのチャクラのマントラを唱えましょう。口を大きく開けて言葉を発し、舌の力は抜いておきます。首を緊張させないように、背骨の上で楽に頭を支えましょう。体を通って反響する音の振動を味わってください。必ずしもチャクラを思い描く必要はありませんが、もちろんそうしてもかまいません。私は唱えているマントラの音自体とつながって、その力をしっかり取り込むのが好きです。これはすべてのチャクラの、音による瞑想ですが、特に開きたいと思うチャクラがあったら、そのチャクラの音だけを選んで唱えてもかまいません。たとえば、もっと大地に根付き、どんな時も安定していたいと思ったら、第1のチャクラのマントラ「ラーム（lam）」を唱えましょう。もっと創造性を高めたいと思ったら「ヴァーム」です。自信をつけたい時は「ラ

ーム（ram）」と唱えます。

1. 基底の（ムーラダーラ）チャクラ

　基底のチャクラは背骨の一番下にあり、生存にかかわり、地球につながり、精神的能力を生み出し、それを維持すると言われています。肉体そのもの、骨、エネルギーの通り道、髪と密接に関係しており、対応する色は赤色です。クンダリーニ（ヘビの姿で表される、生存と悟りの聖なるエネルギー）はここに宿ります。

　このチャクラは皮膚と関係しており、そのビージャ・マントラ「ラーム（lam）」を唱えれば、健康的でつやのある肌になれます。

　「ラーム（lam）」と7回唱えます。一息おいてもう一度繰り返しましょう。

2. 丹田の（スヴァディシュターナ）チャクラ

　第2のチャクラは生殖、創造性、味覚につながり、その要素は水です。おへそより10センチくらい下にあり、心地よさを感じるところです。第2のチャクラにつながると、流動性と恩恵、人をひきつける力がもたらされ、性ホルモンを正常にします。このチャクラのマントラは「ヴァーム」で、性への意識、創造性、自己意識をはぐくみます。

　「ヴァーム」と7回唱えて、それをもう一度繰り返します。

3、おへその（マニプラ）チャクラ

　第3のチャクラはみぞおちにあり、ちょうどおへその裏側にあたり、自己力と自意識に関係しています。要素は火です。このチャクラのビージャ・マントラ「ラーム（ram）」と唱えることで、自信、自制、自尊心が身につきます。代謝機能はこのチャクラが支配しています。

　「ラーム（ram）」と7回唱え、一息おいてもう一度繰り返しましょう。

4、胸の（アナハタ）チャクラ

　第4のチャクラは自我を超越する力を持っており、要素は空気です。胸の中央にあり、愛と思いやりが生じるところです。心臓、腕、手、脚はすべてここにつながっています。愛されていると感じたり、何にも縛られずに愛したりする気持ちになるためには、このチャクラのマントラ「ヤーム」を唱えて、ここにつながりましょう。

　「ヤーム」と7回唱え、一息おいてもう一度繰り返します。

5、喉の（ヴィシュディ）チャクラ

　第5のチャクラは、自己表現と声を出すことに関係しています。喉と口はここで統制されているので、このチャクラのビージャ・マントラを唱えると、これらの部分が元気になり、魅力的になります。要素は音です。ビージャ・マントラは「ハーム」で、これを唱えると、会話がスムーズになり、自分を抑えることをやめ、ほんとうの気持ちを話せるようになります。

　「ハーム」と7回唱え、一息入れてもう一度繰り返しましょう。

6、第3の目の（アージュナー）チャクラ

　第6のチャクラは眉間にあり、高次元の自己の居るところと考えられています。直感がここに宿り、目に見えない不思議な力とつながる場所でもあります。直感を研ぎすませ、高次元の自己の内にある師とつながるために、マントラ「オーム」を唱えましょう。第6のチャクラは老化をつかさどる、脳にある松果体とつながっています。老化は、松果体が石灰化してメラトニン（眠りのホルモン）の分泌が正常に行われなくなることで起こると言われています。また、メラトニンは免疫機能とも関係し、気分がよくなるもとになっています。年を重ねると多くの人が眠れなくなってきます。第7のチャクラが活性化することで、眠りの機能が回復し、視野も広がり、視力もよくなります。

　「オーム」と7回唱え、それをもう一度繰り返します。

7、頭頂の（サハスラーラ）チャクラ

　第7のチャクラは頭頂にあり、「千枚の花びらを持つ蓮」で表されます。宇宙の目に見えない不思議な力、自己認識、崇高な意識へとつながることを象徴しています。そのマントラ「オーム」を唱えましょう。

　「オーム」と7回、あるいはそれ以上唱え、もう一度繰り返します。座って「オーム」と唱えながら瞑想します。5分以上行いましょう。

　次にあげるマントラは、朝、声に出して自己肯定したり、祈ったりするのに最適です。次のリストの中からひとつ選んで、10〜20回唱えましょう。自分が好きな音の高さ、または話す時と同じ声で唱えます。

1、オーム　ナマ　シヴァーヤ（私は高次元の自己の内にある真実と師に頭（こうべ）を垂れます）
2、オーム　シャンティ、オーム　シャンティ、オーム　シャンティ、オーム（平和、平和、平和）
3、ロカ　サマスタ　スキノ　バヴァントゥ（生きとし生けるもの、すべてが平和で幸福でありますように）
4、イシュヴァラ　プラナヴァ（私は神に身をゆだねます）
5、ヨガッシュ　チーター　ヴレッティ　ニーローダハ（ヨガとは心の動きを止めることである）
6、ラテン語：ドーナ　ノービス　パーチェム（我らに平和を与えたまえ）

自分のために歌う

　楽に脚を組んで座り、目を閉じます。力を抜いて、呼吸が出たり入ったりするのを感じながら歌を歌いましょう。誰もその歌のうまい下手を評価したりしないので、緊張せず、リラックスして歌います。祈りの気持ちや幸せを感じられる「アメイジング・グレイス」のような歌を選びましょう。よく知っている歌やふと浮かんだお祈りの言葉、あるいは詩でもかまいません。ほんとうの気持ちを表現してみましょう。音程は自分で決めます。楽

器を演奏する方はその楽器に合わせてください。そうでない方は、手で膝を軽く打つか、手をたたいてリズムをとりましょう。地域の楽器店やインド用品のお店に売っているフィンガー・ベルや小さなドラムを使ってもかまいません。サラスヴァティー（音楽の女神）が元気づけてくれます。

　自己肯定の歌を歌いましょう。

　私は幸せです。
　私は自由です。
　私は私であることが幸せです
　私は楽しい、私はすばらしい。
　私はあなたのもの、あなたは私のもの。

あなたの心を動かす、崇高な歌ならどんなものでもかまいません。
　歌いたいと思う大好きな歌を録音して一緒に歌ってもよいでしょう——自分で作ってもよいかもしれません——家にひとりでいる時や掃除をしている時などに歌ってみましょう。
　歌ったり、声を出したりすることで喜びを感じ、自己表現ができるのです。子どもたちは何も考えず、自由に歌い、感情を声に出します。子どもたちの顔は曇りなく、目は輝いています。何も恐れず、楽しんで自分を表現できるようになれば、心のエネルギーがあふれてきます。そのエネルギーには年齢など関係ありません。このすばらしいエクササイズがもたらす効果を実感すれば、どんどん夢中になっていくでしょう。人を招いて、歌う会やマントラを唱える会を催すこともできるし、ふたりだけでも小さな聖歌隊を作ることができます。楽しみましょう！

第 7 章

すべては気の持ちよう

「瞑想はしたいけど、時間がない」という言葉をよく耳にします。私自身もよくこの言い訳を使いました。けれども実際は、目まぐるしく移り変わる世界からしばし離れて心を落ち着けるには 5 分間の瞑想で十分なのです。瞑想に少しでも時間を割くことは、至福に満ち、エネルギーにあふれる人生に近づけていくための第一歩になります。心配性で、しかめっ面をしている人とは対照的に、普段から瞑想している人は、温和で、若々しく輝いて見えます。また、心拍数もゆっくりめで、ストレスレベルも低い傾向があります。冷静で集中力のある人は、よりポジティブだという報告もあります。これでもやはり、瞑想する時間はありませんか？

「気力で乗り越えよう」
「すべては気の持ちよう」
「心のままに人は動く」

　あなたが注目するもの、あなたがなりたいものが何であろうと、これらの成句を使って言い表すことができます。特に自己像に関してはかなり当てはまります。もし、年を取ること、活力が失われることを心配したら、その通りになってしまうでしょう。こうした心配を解消するには、ポジティブな行動にエネルギーを使うのが一番です。事実、リラックスタイムは、顔ヨガプログラムの大事な要素のひとつで、顔から老けた印象を消し去ってくれます。緊張をほぐすことが若々しい外見を保つ秘訣です。歯をくいしばったり、顔の筋肉をこわばらせたりといった、とうてい魅力的とはいえない顔にならずにすみます。緊張をほぐすことは、若々しい容姿を維持するために重要です。

　瞑想にはさまざまな型があります。人それぞれで、ある人たちには効果がある瞑想でも他の人にはたちには効果がないこともあるでしょう。また、いろいろな心の声が聞こえてくるかもしれません。ただ座って自分の呼吸に耳を傾けたいと思う時もあれば、何かもっと活動的なこと、たとえば、マントラを何度も唱えたいとか、ビジュアライゼーションをしたいと思うこともあるかもしれません。自分の精神エネルギーを鍛え、生かす方法を学ぶことは、とても大事な手段で、ただ外見をよくするだけでなく、自分が歩みたい人生を心に描き、それを実現できるポジティブな精神状態を生み出すことができます。

　瞑想とメンタルトレーニングによって、自分の人生に責任を持つことができるのです。私たちは皆、絶え間なく考え続けています。一日に何千ものことを考えています。こうした考えが次から次へと湧いてきて、それらを完全に止めることはできません。瞑想すると、判断を下さずに心の動きを観察し、少し距離をおいて見ることができます。一度瞑想を体験すると、自己中心的な思考と自分を結びつけるのをやめ、無意識に何かに取りつかれたような行いはしないようになるかもしれません。

　瞑想は、他の稽古事のように練習するものですが、ただどれだけできるようになったか成果を見せるものではありません。だから、自信を持って、自由に、少し自発的に、そして、自分の顔と心とこれからの人生が変化していくのを観察していきましょう。

・・・

　心地よいと感じられる場所を見つけましょう。必要なら、膝やお尻が楽になるように、膝下、背中の後ろ、座骨の下にクッションなどを置くとよいでしょう。一度安定し心地よく座ることができたら、できるだけ体を動かさないで下さい。（だからといって、自分を手荒に扱うということではありません。私はかつてリトリート（静修）を行った時、半蓮華座で座っていました。かなり違和感のある姿勢でしたが、その時の私は、先生の気分を害するのではないかと恐れるあまり膝をくずすことができませんでした。その結果、今でも膝に問題を抱えています）

　これから紹介するのは、どこででもすべて5〜20分で実践できる瞑想法です。5分から始めて、座っている時間を数分ずつ長くして、瞑想する時間を延ばしていきましょう。この訓練は、スポーツ選手が時間をかけて忍耐力を鍛えるような精神修養です。

キャンドル瞑想

　この瞑想はとても具体的なので、初心者の方におすすめです。目のまわりの筋肉を動かし、見て認知することで、カラスの足跡を撃退することができます。

　ろうそくを目の高さに置き、クッションか椅子に足を組んで楽に座ります。ろうそくに火を灯し、炎を見つめます。どんな詳細な情報も目から吸収します。可能な限り炎に関する情報を受け取ったら、目を閉じて、じっくり見たものをできるだけ正確に心の中に再現してみましょう。目を開けて、自分が認知したことが正確かどうか現実チェックをして、再び見えてくる新たな情報を吸収します。再び目を閉じて、新しく追加したイメージをさらにふくらませます。このように、目を開けたり閉じたりして、目を開けるたびに新たな情報を付け加えていきます。ろうそくの他の部分、たとえば、ろうそく本体、ろうそく立てなどの情報も吸収し始めます。この瞑想は、少なくとも5分間は行いましょう。10分、あるいは20分まで延ばしてみましょう。

これは集中力を高めるのにとてもよい瞑想法です。自分の外側にある何かに集中すると、心が落ち着き、自分が認知したものと一体になるという、ディヤーナ（瞑想）です。これが、真の理解とヨガのパワーを自分のものにする方法のひとつなのです。なぜなら、この瞑想は、単に安定した光に視覚を集中させるだけでなく、内なる目も養うことができます。また、視線がなめらかになり、目じりや眉間のしわの撃退にも効き目があります。

花の瞑想

やり方はキャンドル瞑想と同じです。ろうそくの炎の代わりに、花を使います。実際、どんなものを選んでも、この種の瞑想に使えます。ただ、けばけばしく不格好なものよりは、美しく、パワーにあふれたもののほうがよいでしょう。

ポエム瞑想

自分が楽しめる詩から気分を高めてくれる一節や、自分に語りかけてくる心に響く本の一節を選びます。もしそのひとつが決まらなかったら、好きな本を開いて、瞑想に適した箇所を選びましょう。（私は何も思いつかない時や単に運命にまかせたい気分の時はこうします。）それから、5〜20分間座って熟読します。

音を使った瞑想

自分の周囲にいつも聞こえる音をとりあげます。その音（おそらく自分自身の呼吸）にできるだけ近づき、5〜10分間耳を傾けましょう。たいていの人は、子猿のように心がざわつき、沈黙を埋めるためにあれこれ考えるのです。判断力を伴わない思考に気づき、ただ自分の選んだ音に意識を戻してください。

目を閉じて静かに座り、自分の周囲に聞こえるすべての音に耳を傾けましょう。

意識して見ていることについて、心が語りかけてくる声にまどわされないようにしてください。静かな庭、どこまでも続く砂浜といった明らかに心地よい環境のほうが、ジャッ

クハンマー（削岩機）の音があちこちから聞こえてくる騒音だらけの都会より、この傾聴瞑想には好ましいでしょう。また、自らを鼓舞し、元気にしてくれるような音楽を聴いてもよいかもしれません。再び心がさまよい始めたら、それを意識し、気が散って落ち着かない子どもの手を引っ張るように、自分を引き戻しましょう。音楽を聴いている間、仰向けになるのもとても効果的です。5〜10分間この瞑想を続けます。

海辺の瞑想

　海辺に座って波の音を聞きましょう。ビーチの近くという環境に恵まれていなければ、録音した海の音をかけましょう。（密林や渓流の音の録音でもよいでしょう）

　海辺の瞑想は5〜10分間続けます。

マントラ瞑想

　自分が共鳴する言葉やフレーズを選んで、心の中で静かに繰り返します。心の中で歌ってもよいでしょう。この瞑想は、すぐに気が散ってしまう人（現代社会ではよくありがちですが）に効果的です。

　以下はすぐれたマントラです。

　　オーム　ナマ　シヴァーヤ　（シヴァ神の宿る最高の自己へ敬意を表す）
　　オーム　マニ・パドム　オーム　（悟りの蓮の花に敬意を表す）
　　または、単に心の中で、オームと繰り返す。
　　ソーハム　（私は永遠の真実である）

　もし英語や他の言語で唱えたかったら、それでもかまいません。自分の心に響いてくる、**平和**や**真実**などの言葉でもよいでしょう。サンスクリット語を唱える精神的なメリットは、ほとんどの人にとって母語ではないので、言葉の意味に邪魔されないことです。さらに、

サンスクリット語は、非常に純粋、神聖、強力な言語だと考えられています。学者はすべての言語の起源だと言っています。振動そのものが瞑想を深めてくれます。

呼吸を使った瞑想

呼吸中心の瞑想の手法はたくさんあります。すべての人生哲学は呼吸法が基礎になっています。5〜20分間、以下の呼吸法を試して、自分にとって一番効果があるのはどれか確かめてみましょう。

息を吸うことに意識を向ける、息を吐くことに意識を向ける。
息を吸うことだけ意識する。
息を吐くことだけ意識する。

サマ・ヴリッティ(吐く息と吸う息が同じ長さの呼吸)

吸う息と吐く息の長さを同じにすることに集中します。4つ数えながら息を吸って、4つ数えながら息を吐きます。これを、5〜10分間続けます。気を安定させるのに非常に効果のある方法です。

第三の目の瞑想

楽な姿勢で座ります。目を閉じて、眉間にある内なる点に集中します。この点は第三の目の中心で、シヴァという至高の自己の宿る場所と考えられています。眉間に、ひとつの小さな円形の光、もしくは一粒の真珠があると想像してください。この円形の光や真珠に、白、青、銀のような色をイメージしてもいいでしょう。この光が振動して大きくなっていくのを観察し、抱えているどんな問題もすべて解き放ち、眉間のこの点に意識を向けるようにしてください。できるだけ長く座り(最低でも5分、さらに20〜30分間)続けましょう。この瞑想は、直観力を高め、ほんとうの自分に出会えるように導いてくれるでしょう。

心の願望のビジュアライゼーション

　楽な姿勢で座るか、仰向けになります。あなたを導いてくれる、たとえば、自分の内なる声、ご先祖様や精神的な助言者などを想像しましょう。あるいは、マザー・テレサ、イエス・キリスト、ガンディーのようなあなたが感銘を受けた偉大なる師でもよいでしょう。あなたを導いてくれるものが近づいてきて、心の赴くままに誘導してくれることを想像してください。詳細に視覚化すればするほど、より効果的です。ビジュアライゼーションを繰り返し行い、その度に、より詳しい情報を加えていきましょう。

　想像してください。あなたは森の中を歩いています。それから、川辺や海辺にたどり着き、導くものとともに水をじっと見ているのです。そこで自分の願望を達成するために何が必要かを教えてもらいましょう。

自己肯定

　自己肯定には強い影響力があります。瞑想中、または一日を通して、自分に向かって静かに繰り返してみましょう。鏡の中の自分を見ながら、次に紹介するささやかな宝石のような言葉をひとつふたつ、口に出してみてもよいでしょう。ただ抵抗があるかもしれません。特に自分に否定的なことを言うのに慣れている人（ほとんどの人がそうです）にとって、ゆったりとした気分で心を込めて自己との対話を行うことは、最初は難しいでしょう。

　まず、これらの肯定的な言葉のうちのひとつを繰り返します。頭の中で、何か否定的なものに対して判断を求める声が聞こえてくるかもしれません。その時は、ただほほ笑んで、肯定的な言葉をさえぎる否定的な声にはいっさい耳を貸さないようにするのです。数回この自己肯定の言葉を繰り返します。声のパターンや強調したい言葉に彩りをつけましょう。これらをいくつか試したり、自分で自由に創造したりしてください。

　　私の顔はなめらかできれい。健康そのもので、若さを取り戻している。

　　息を吸い、自分にほほ笑む。息を吐き、緊張をほぐす。

生きていれば成長する。

人を愛し、人に愛されたい。

善きことだけを考え、喜びにあふれている。

美しいものを見て、美しいものを放ち、私は美しいものである。

感謝して、喜びと豊かさを享受する。

健康な強い体で元気がみなぎっている。

以下は、一連の自己肯定の言葉で、座った姿勢で行ってください。

息を吸って、光を吸い込む。
息を吐いて、恐れを解放する。
息を吸って、喜びを吸い込む。
息を吐いて、失望感を和らげる。
息を吸って、エネルギーを吸い込む。
息を吐いて、心配を解き放つ。
息を吸って、私は滋養に満ちている。
息を吐いて、執着を解き放つ。
息を吸って、私は年をとらない。
息を吐いて、疲労がなくなる。
息を吸って、私は満たされている。
息を吐いて、必要のないものを手放す。

他の人のための祈り

　楽な姿勢で座り、友人や家族、そして敵に、癒しと愛のこもったエネルギーを送っているとイメージし、それから、そのエネルギーを全世界に広げていきます。色（直観的に魅かれる色を選ぶ）を使って、愛のこもった癒しのエネルギーが自分の心から湧き出るのを想像します。それから、ありがたいと思う人や場所や物に、その色の光線を送ります。

　苦手な人に感謝するのは、ネガティブな関係をポジティブな関係に変えるよい方法です。だからといって、悪い行いを大目に見たり、情けをかけたりしなければいけないというわけではありません。もしかしたら、愛のエネルギーにあふれた色は、重さや形を伴って現れるかもしれません。たとえば、感謝している人を取り囲む光の風船のように。

友達との瞑想

　他の人、またはグループで瞑想することは、集中力を高めるのに最適な方法で、効果を二倍にも四倍にもしてくれます。私は、同じ目的を持って他の人と一緒に瞑想する時のほうが、心がさまようことが少なくなるようです。

　ふたりで行う場合、心地よい距離で向かい合って座ります。自分に適した瞑想法を選びましょう。人数が増えたら輪になって座ります。もしお望みなら、何かを読むことから始めて、希望の時間にタイマーをセットしてもよいでしょう。理解や親密さを深めたいと思ったら、お互いの目を見つめ合いましょう。30秒〜1分間、相手の目を瞑想の対象とし、瞑想に集中できるか試してみましょう。そのうち長く続けられるようになります。それから、目は閉じて、内なる目に集中して座ります。瞑想中、ろうそくを灯したくなるかもしれません。

うつろいのビジュアライゼーション

　さまざまな年齢の自分をイメージしていきます。幼い頃からの自分の顔を年齢ごとに想像します。1歳の頃の自分を（きっとこうだっただろうという想像でも直観でも）思い出してみましょう。心の中で自分の顔を思い描きます。3歳の時も、同様に、5歳、7歳、

10歳、15歳、20歳、25歳、というふうに思い浮かべましょう。現在の年齢に至るまで続けます。各年齢の自分の顔をイメージし、しばらくじっと目を見て、次の自己肯定の言葉を言いましょう。

「私は年を取りません。私は永遠の存在です。私は生命と喜びを身をもって表します。」

これらの手法を実践する時、忍耐強く、自分にやさしく接してください。しばらくすると、自己防御の硬い層が徐々にはがれ落ち、きっと心底リラックスできるようになります。人生が健康的で平和になるだけでなく、顔が穏やかでなめらかになるというおまけまでついてきます。

次の章では、一連の動きを紹介しますので、顔のエクササイズ、声を出すこと、ヨガのポーズを、本章で紹介した瞑想や自己肯定の手法と組み合わせてください。

第 8 章

エクササイズの一連の流れ

料理のレシピ本のように本書をご活用下さい。ここでは、さまざまなパートからエクササイズを選んでまとめました。さあ、ヨガの饗宴の始まりです。顔ヨガプログラムのユニークな点は、何といっても顔を若返らせるさまざまな方法が書かれているところです。ただ顔のストレッチやヨガのポーズ、あるいは化粧クリームに効果を求めるだけでなく、顔ヨガは、さまざまなレベルに同時に働きかけられるような多様な方法を取っています。そして、何よりも自分に合ったオリジナルのエクササイズを作ることができます。

また、顔ヨガに大切なのは創造力と即興です。いろいろなパートからお好みのエクササイズを自由に選びましょう。たぶん、ご自分に必要なポーズ、ストレッチ、瞑想、声を出すことに自然に魅かれるでしょう。あるいは、最初は、純粋に体を動かすレベルから始め、その後、心とリラクゼーションのエクササイズを組み合わせていくという流れがよいかもしれません。もちろん、選択肢がたくさんあるので、上達するにつれて、他のものと組み

合わせることもできます。すぐにでも本書で紹介されているエクササイズ試してみたいと思われるかもしれませんし、ただ同じエクササイズの練習に時間をかけたいと思われるかもしれません。

ホリスティック（全人的）に練習すればするほど、得るものも大きくなります。私の場合、アーサナを行うだけでも顔が変わっていくのがわかったのですが、顔のエクササイズも追加すると、新しいパズルのピースがぴたっと収まりました。音を使ったエクササイズも加えると、また違った変化が見られました。精神的なアプローチである瞑想と自己肯定によって、顔の緊張がほぐれ、表情がやわらかくなっただけでなく、成功と幸運に恵まれ、人生がますます豊かになりました。心のエクササイズには、とてもパワーがあります。というのも、精神はあらゆる行動に結びつき、心を鍛えることで、心の中に前向きに生きる力を植え付け、その種が開花し続けるのです。

毎日、最低ひとつは各カテゴリーから取り上げて、エクササイズをすることをおすすめします。あらゆる選択肢をご紹介したいので、この本には多くのエクササイズを盛り込みましたが、毎日全部のエクササイズを実践するのは、誰にでもできることではないと思います。それでこの章では、エクササイズを実践しやすいように、水、空気、土、火というテーマ別に一連の流れにまとめました。お好みで一連のエクササイズや毎日のエクササイズに追加したり、組み合わせてみたりしてください。

どのエクササイズの流れにも、顔ヨガの各カテゴリー（呼吸法、ヨガのポーズ、顔のエクササイズ、癒しの手技、瞑想や自己肯定、声を出す、マントラを唱える）から、少なくともひとつの要素が入っています。

これらの一連の流れは、最もやさしい水、水よりも少々エネルギッシュな空気、空気より物質的な土、物質への影響が最も強い火で体を強くします。これら一連のエクササイズを行う時間は、個人差がありますが、20〜40分です。自分に合ってないと思うところは、自由にアレンジしてください。あくまでも自分の体であり、自分のために行っていることをお忘れなく。これら一連のエクササイズの中からある部分を選んで短くしてもかまいません。

遊び心を大切にして楽しみましょう！

Water Sequence

水の本質には、気分、エネルギー、外見を変える力があります。水は受容的なので、一連の水のエクササイズもエネルギーを受け取り、解放する作用が大きくなります。水のエクササイズには、リストラティブ効果があり、エネルギーを消費するというより中に取り入れます。疲れている時や心身の回復が必要な時にとても効果的です。また、自己表現したい時や溜め込んだエネルギーや感情を解放したい時にもおすすめです。リラックス効果があるので、週末のんびりしている朝や就寝する1時間前くらいが理想的です。就寝前にエクササイズをする時は、目覚めた時に夢を記録できるようにメモ帳や日記帳をペンと一緒に用意しておきましょう。このエクササイズをすると、無意識レベルから貴重なメッセージを受け取ることがあるからです。さらに、より深くリラックスできるので、顔の緊張をほぐし、むくみや目の下のたるみを消す効果もあります。

呼吸法

交互の片鼻呼吸（106ページ）

ヨガのポーズ

1. 寝た合せきのポーズで横になります。足の裏をつけて、互いの膝は離します。腕は手のひらを上向きにして横に広げます。胸が開き、血液が音を立てて体中を巡るのを感じ、床に体の重みを預けてください。

2. 楽に自然な呼吸をします。いろいろな呼吸法ではなく、自然な呼吸をしましょう。そのまま3～5分間続けます。

3. 顔のマッサージ（89ページ）を2、3分間行います。

4. 女神のポーズのまま、頭を左右にやさしくころがして、首をほぐしましょう。今度は、足裏を離し、膝をくっつけ、手は下腹に置きます。おなかが上がったり下がったりする時の呼吸に耳を澄ませます。車のワイパーのように、曲げた膝を左右交互に5、6回倒します。膝を抱えて胸のほうに引き寄せ、腰を丸めて、体を揺らします。最後に、膝を胸のところで抱えたまま、起き上がりこぼしのように背中で転がり、そのまま動きをやめて、座った姿勢に戻ります。

5. 足を組んで楽に座ります。息を吸って、左腕は天井に向かって伸ばします。右手の指先は、尾骨から約10センチ離れた床の上に置きます。息を吐いて、左手を右膝上に置きます。息を吸って、背骨を伸ばし、息を吐いて、右肩越しを見ます。反対側も同じように行います。正面を向き、口を開けて、舌先を下の歯の裏につけます。舌と顎の力を抜きましょう。それから、舌と顎以外、顔の緊張を緩めたまま、舌をできるだけいっぱい突き出します。最後に、口のまわりを舌で、3、4回ぐるりと回ります。

6. 上の歯と下の歯は離して、顔の筋肉を緩めます。鎖骨は横に開き、頭は背骨の一番上にのっていることを確認してください。目を閉じます。上顎の耳たぶのすぐ下に人差し指を当て、親指と他の指は、顎に沿わせます。人指し指をぐるぐる回すようにマッサージします。そのまま、顎の靭帯や筋肉をマッサージします。上顎と下顎のちょうつがいにくるまで続けます。中指と人差し指をちょうつがいのあたりに当てて、できるだけ深いところを揉みます。このマッサージをする時、顔の筋肉を緩め、音（「アーー」など）を出しながら息を吐くとリラックス効果があります。好きなだけ、このマッサージを続けてもかまいませんが、3分くらいがちょうどいいでしょう。顎のマッサージをして緊張をほぐし終わったら、胸のほうに顎

を引き、背骨の延長上の頭と首の継ぎ目に指を当てて、この圧点をマッサージします。足を組んで座り、腕、頭、体を右にねじり、次に左にねじります。それぞれ30秒ほど行いましょう。体を正面に戻して、片方の肩からもう一方の肩まで頭を転がします。

7. 両脚を壁に上げるポーズ（69ページ）で仰向きになる。軽い逆転のポーズ。

8. 魚のポーズ（72ページ）

9. 亡骸のポーズ（63ページ）で5〜8回呼吸。

10. 子どものポーズ（56ページ）。子どものポーズで頭と首の継ぎ目から頭皮をさする。

7.

8.

9.

10.

11. 猫と牛のポーズ（74ページ）を3、4回。

12. 下向きの犬のポーズ（70ページ）

13. 足先のほうまで手で歩いてきて、膝を軽く曲げたまま脚に上半身をゆだねる。互いの肘を持つ。

14. 背中を丸めながら体を起こす。

15. 両肩をすくめる。

16. 牛の顔のポーズ（81ページ）

17. 立位の体側を伸ばすポーズ（83ページ）

11.

12. 16. 17.

ポーズを行う時間について

　吸う息と吐く息を合わせて一呼吸と数え、一般的にひとつのポーズで5～8回呼吸を行います。しかし、必ずこの回数を守らなければならないわけではありません。ポーズが効いていると感じる時は、長めに行ってもかまいません。大切なのはバランスです。ポーズを保つ時間と呼吸に注意を払いましょう。きちんと意識していると、エネルギーの流れが滞っているところがわかるようになってきます。

顔のエクササイズ

目や額に効果のある顔のエクササイズを鏡の前で行いましょう。

1. スフィンクス・スマイル（15ページ）

2. フィッシュ・スマイル（17ページ）

3. 目玉の動き（30ページ）

4. びっくり顔（31ページ）

5. 額のしわ取り（34ページ）

6. カラスの足跡さようなら（33ページ）

7. ライオンの顔（35ページ）

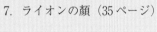

8. 門のポーズ （84 ページ）

9. 子どものポーズ（56 ページ）

10. 星のポーズ（58 ページ）

11. バッタのポーズ（76 ページ）

12. 橋のポーズ（87 ページ）

13. 両脚を壁に上げるポーズ（69 ページ）

14. 仰向けのねじりのポーズ（81 ページ）

8.

9. 10. 11.

12. 13. 14.

ハイヤーセルフ（高次元の自己）瞑想

楽な姿勢で座ります。手は膝に置き、手のひらは上向き、肘は曲げ、肩の力を抜いて、胸は引き上げます。目を閉じ、ハイヤーセルフが宿る象徴的な眉間の一点に内なる目を向けます。ここに心を集中させます。おそらく、頭の中では次から次へと思考が巡り、ざわついているかもしれませんが、これこそが心の性(さが)なのです。からっぽの寺院をすっと飛んでいく鳥のように、思考を体から押し流し、内なる目を眉間に戻します。この瞑想を行う時、呼吸に意識を向けてもかまいませんが、何よりも集中するところは、この眉間の一点です。座ったままの状態で、最低5分、できれば20分まで延ばしてみましょう。

自己肯定

瞑想を終了したら、「私は自分が知っているものがわかる」と心の中で最低10回繰り返します。

祈り

水のように受容的になれますようにと祈ります。執着することなく人生を切り抜け、まわりの環境に順応し、海の一滴のように意識の海に入っていけるようにと願います。

音楽（うっとりするようなクラシック音楽や自然の音といったやさしいもの）に合わせて亡骸のポーズ（63ページ）。

座る姿勢に戻ります。

マントラを唱える

ソーハム　ソーハム（私は永遠の真実である）と5〜10分間唱えます。

静かで心地よい、幸せな気分になるような音を楽しんでください。マントラを唱えた後、お風呂に入ったり、シャワーを浴びたりしてもよいでしょう。甘い香りの精油を肌に塗って、ほほ笑みましょう。

Air Sequence

すばやく動く空気は、ヨガではしばしば知性と関連付けられます。混乱や古い習慣を払しょくしたい時、空気の性質が役立ちます。このエクササイズを実践して、頭の中のもやもやを吹き飛ばしましょう。一連の空気のエクササイズは、呼吸法（プラーナヤーマ）にポイントを置いています。プラーナヤーマは生命力に直接働きかけるので、アーサナよりも奥が深いと多くのヨギ上級者が思っています。このため、とても早く効果が現れることにお気づきになるでしょう。この一連のエクササイズを実践すると、皮膚の腫れやむくみなどが引いて、顔の重たい感じがなくなるでしょう。

安楽座のポーズ

「オーム」を3回唱える。

呼吸法

サマ・ヴリッティ（128ページ）

サマ・ヴリッティはエネルギーを安定させるために有効なプラーナヤーマ(呼吸法)です。（サマは、サンスクリット語で、「同じ」という意味）息を吸う時の長さを数えて、それに合わせて息を吐く時も同じ長さにする、つまり、吐く息と吸う息の長さを同じにします。ゆっくりと4つ数えてください。3〜5分間行います。

ヨガのポーズ

1. クンダリーニ活性化

   クンダリーニ・エネルギーを刺激するエクササイズです。座って、手のひらは下向きに膝

に置きます。息を吸い背骨を伸ばし、右膝の上に背中を丸めます。ゆっくりと背骨を戻します。この時、手のひらは下向きのままです。それから、息を吐いて、背骨を丸めながら、今度は左膝のほうに下りていきます。左右交互にこの動きを3回繰り返します。腕はできるだけ伸ばし、背骨もできるだけ長くします。次に、呼吸を逆にして、つまり、息を吸って、左膝に向かい、息を吐いて、右膝に向かいます。3回繰り返し、正面に戻ります。

2. 子どものポーズ（56ページ）で、5回呼吸。

3. 針の糸通しのポーズ（57ページ）を左右それぞれ5回呼吸。

4. 猫と牛のポーズ（74ページ）を連続3回。

5. 下向きの犬のポーズ（70ページ）をして、手の方に歩いてきて、背中を丸めながら5つ数えて体を起こす。

6. エネルギーを求めるように天に向かって両手を伸ばし、それから、こぶしを作って、前に体を倒しながら前屈になり、腕を体の後ろに振り上げる。3回繰り返す。

7. 風車のように両腕を約45秒、ぐるぐる回す。

2.

3.

4.

5.

8. 揺れる木（95 ページ）

　　足を肩幅に開いて、膝は緩めた状態で立ちます。こぶしを作って、腕と体を左右に振り子のように振り、反対側のお尻や前脚をたたきます。これを 30 秒間行ってください。

9. 立位の体側を伸ばすポーズ（83 ページ）

10. 山のポーズ（48 ページ）

11. ナウリ・クリヤ（106 ページ）

12. 安楽座のポーズで、頭と首回し（27 ページ）

13. 座位のねじりのポーズ（80 ページ）

顔のエクササイズ

1. 舌と喉を緩める（18ページ）

2. 舌のトレーニング（16ページ）

3. ハチの羽音（22ページ）

4. マリリン（14ページ）

5. フィッシュ・スマイル（17ページ）

6. ハチの羽音（22ページ）

7. 下顎をつかんで揺らす（28ページ）

1.

2.

3.

4.

5.

6.

7.

8. 顎の解放（90 ページ）

9. あくびを最低3回する。

10. 座位の前屈のポーズ（58 ページ）

11. 子どものポーズ（56 ページ）

12. 亡骸のポーズ（63 ページ）

13. 鋤のポーズ（65 ページ）

14. 肩立ちのポーズ（67 ページ）、
　　あるいは、両脚を壁に上げるポーズ（69 ページ）

15. 魚のポーズ（72 ページ）

10.

11.

12.

13.

14.

15.

瞑想

息を吸う音に耳を傾け、息を吐く音に耳を傾けます。5分間続けます。

マントラを唱える

ハーム（喉のチャクラのマントラ）と10回唱えてください。はっきりと声に出して自己表現ができるようになります。5分間続けます。

祈り

自分自身そして日々の営みを空気と風の力に捧げます。古い思考回路は一掃され、新しいものを受け入れる空間が生まれます。

アフォメーション（自己肯定）

私は明確に考え、自己表現している。

亡骸のポーズ（63ページ）で休息。

Earth Sequence

　土の一連のエクササイズは、固め、根付かせるという性質があります。この一連のエクササイズは、特につながりと健康を感じたい時に最適です。神経過敏や体調不良、心配事を撃退することができ、内なる力とつながり、さらなる安定感と調和をもたらします。この一連のエクササイズを行って、成功と繁栄を手に入れましょう。まわりの出来事や他人の目に影響されなくなります。次に紹介するエクササイズは、肌や歯、髪の調子をよくしてくれます。

マントラを唱える

　亡骸のポーズ（63ページ）で、ラーム（lam）と8回唱える。

呼吸法

　カパーラバーティ（104ページ）

　息をすべて吐ききり、息を止めます。ムーラ・バンダやウッディヤナ・バンダ、ジャランダーラ・バンダを使って、できるだけ楽に長くその状態を保ちましょう。

　必要なら顎を上げて、ゆっくりと鼻から息を吐き出します。新たにゆっくり息を吸います。これを5分間行います。

ヨガのポーズ

1. 山のポーズ（48 ページ）

2. 木のポーズ（52 ページ）

3. 戦士のポーズ 2（49 ページ）

4. 体側を伸ばすポーズ（83 ページ）

5. 戦士のポーズ 1（50 ページ）

6. 戦士のポーズ 3（51 ページ）

7. 座位のねじりのポーズ（80 ページ）

1.

2.

3.

4.

5.

6.

7.

8. 座った姿勢での牛の顔のポーズ（81ページ）

9. 星のポーズ（58ページ）

10. 鳩のポーズ（60ページ）

11. 座位の前屈のポーズ（58ページ）

12. 開脚前屈のポーズ（61ページ）

13. 頭立ちのポーズ（71ページ）で、オームと唱える。

14. 子どものポーズ（56ページ）

8. 9. 10.

11. 12. 13. 14.

15. バッタのポーズ（76 ページ）

16. ライオンの顔（35 ページ）

17. 弓のポーズ（77 ページ）

18. 橋のポーズ（77 ページ）

19. 背骨をねじるポーズ（81 ページ）

20. 座る姿勢に戻る。

顔のエクササイズ

1. 目玉の運動（30ページ）

2. あやつり人形の顔（17ページ）

3. 額のしわ取り（34ページ）

4. 緊張を払いのける顔のマッサージ（92ページ）：頬や額からストレスを取り除く。

5. 耳引っ張り：耳引っ張りは、インドで使われている顔のマッサージとストレッチの方法で、顎の緊張を緩め、その周辺の皮膚下にある軟骨を伸ばすのに効果があります。また、顔の血行をよくします。耳と同じ側の親指と人差し指で外耳の端をつかみ、耳のてっぺんからやわらかい耳たぶまで同じ力でさすり、すばやく、ぎゅっと耳を外側に引っ張ります。耳のてっぺんから一番下まで左右それぞれ、計6、7回引っ張ります。

1.　　　　　　　　　　　　　　　　2.　　　3.

チャクラ瞑想

　背骨の一番下にある基底のチャクラを視覚化します。背骨の一番下にある基底の中心が光に満たされて、活力にあふれていくイメージを描きましょう。背骨の一番下のまさに熱が放出されるところに座り、背骨から頭頂までエネルギーを上昇させましょう。

　座った姿勢で、右手の握りこぶしをみぞおちの下に置きます。こぶしはそのままで、体を前に倒しながら、頭を床に近づけていきます。

　亡骸のポーズ（63ページ）

Fire Sequence

火の一連のエクササイズは、力が湧いて、元気になるようにできています。熱の力を使って充電し、不純物を燃やしてデトックスします。溜まったものをきれいにし、新陳代謝を促します。朝や宵の口の外出前に行うとよいでしょう。もしエネルギーを思い切り発散させたい時は、エスプレッソのように刺激のあるこのヨガを試してみてください。夜のダンス、もしくは採用面接の前、あるいは自信があることを伝えたいと思った時は、火のエクササイズを行うとよいでしょう。就寝前や不眠症にお悩みの方は、これらのエクササイズを行うのは避けてください。とても暑い日は、気をつけて行うことが必要ですが、体を暖かくしたい場合、特に冬には、恰好のエクササイズです。

呼吸法

カパーラバーティ（104ページ）を5分間。

ヨガのポーズ

1. 頭立ちのポーズ、または、アレンジした頭立ちのポーズ（71ページ）、2分間。

2. お好みで、可能なら、逆立ちのポーズ（66ページ）

3. 子どものポーズ（56ページ）で深呼吸。

4. 戦士のポーズ2（49ページ）で8つ数える。

5. 戦士のポーズ1（49ページ）で8つ数える。

6. 体側を伸ばすポーズ（83ページ）で8つ数える。

7. 三日月のポーズ（62ページ）で8つ数える。

1. 2. 3.

4. 5. 6. 7.

8. カラスのポーズ（53ページ）はできるだけ長く保つ。

9. 腰幅より10センチぐらい広めに足を開いてしゃがみ、胸の中心で手のひらを合わせて、祈りの姿勢を取ります。しゃがんだ姿勢でバランスが取りにくい場合は、座骨の下にブロックを置くか、かかとの下にブランケットを丸めておきましょう。カパーラバーティ呼吸（60拍）を行い、腰を上に上げて、立った前屈の姿勢になり、「アーー」と息を吐きます。背中を丸めながら体を起こします。

10. 床にうつ伏せになり、以下のエクササイズを行う。

11. バッタのポーズ（76ページ）で5～8回呼吸。

12. 弓のポーズ（77ページ）で5回呼吸。

13. ラクダのポーズ（78ページ）で5回呼吸。

8.

11.
12.

13.

14. 仰向けのねじりのポーズ（81ページ）で8呼吸。

15. 座位の前屈のポーズ（58ページ）で一呼吸を深く長く8回呼吸。

16. 笑いヨガ：息を吸って、両腕を上げて、息吐いて、声を立てないで笑う。繰り返し、これをもう一度行う。今度は大きな声で笑う。

14.

15.

瞑想

鼓動の瞑想、5分間。

楽な姿勢で座ります。目を閉じ、眉間の一点に意識を向けましょう。この場所に内なる意識を向け、4つ数えながら鼻から息を吸って、息を止めて4つ数え、それから、4つ数えながら息を吐き出します。からっぽになった状態で息を止め、4つ数えます。一回の呼吸で合計16数えることになります。

次は、鼓動に合わせて4つ数えます。まず、鼓動に合わせて4つ数えながら息を吸い、そのまま鼓動に合わせて息を止めて、4つ数えます。鼓動に合わせて4つ数えながら息を吐き出し、からっぽの状態で息を止め、鼓動に合わせて4つ数えます。眉間の一点に意識を向け、一回の呼吸で合計16数えます。

マントラを唱える

安楽座のポーズ（スカーサナ）で、ラーム（ram）と唱えます。5分間。

顔のエクササイズ

1. 両手のひらを強くこすり合わせ、30秒間その手を目にかぶせます。

2. サッチモ（14ページ）

3. ベビー・バード（25ページ）3回。

4. びっくり顔（31ページ）1回。

 2.
 3.
 4.

マッサージ

足と脚のマッサージ

　膝を曲げ、足裏を合わせて脚を広げ、星の形を作り（タラーサナ）、床に座ります。座る位置を少し高くしたいと思ったら、巻いたブランケット、ボルスターやクッションを座骨の下に置くとよいでしょう。合わせていた足裏をやや離して、親指と人差し指で足の指の下のふくらんだ部分をさすります。右膝を曲げたまま左脚を伸ばしましょう（ジャーヌ・シールシャーサナの脚）。まず、右足の土踏まずをマッサージします。次に、両手の指の腹を足裏の真ん中にぐっと押し当てます。人差し指か親指、または両指の指関節を使って、土踏まずを強く指圧したり、足裏のちょうど真ん中を0.5〜1センチへこむくらい押したりしてもよいでしょう。ここは、多くの人にとって、よく効くツボで、消化器系とつながっています。次に、厚く硬い皮膚のかかとを、指で爪を立ててマッサージしましょう。硬いかかとの皮膚は刺激に耐えうるので、爪を立てても気持ちがいいと思います。ここで、足の甲を上にして、つま先をさすります。親指から小指まで、それぞれの足指の付け根の部分を右回り左回りにぐるぐると円を描くように回します。足の指の間から足首につながるラインをマッサージします。親指と人差し指で、やさしく足先をさすります。

　右脚をマッサージしましょう。指先で円を描くようにマッサージしながら、足首の裏から始めて、ふくらはぎまで、それから、すねの骨のどちらかの側を通って、すねの前を下りてきます。左右どちらかの手を軽く握ってこぶしをつくり、指関節を使って、骨ばったところではなく、筋肉の集まったところをマッサージしましょう。

　脚の位置を逆にして、同様に左足とふくらはぎをマッサージします。それから、両脚を揺らして、伸ばしましょう。こぶしで脚をたたいていきます。太ももの外側の筋（腸脛靭帯）から外側のすね、そして、ふくらはぎの内側、それから、太ももの内側にかけてたたいていきます。

　これらは、手早くできるマッサージで、たった5分でも、たっぷり15分行うこともできます。指圧には乾燥した手のほうが合っているので、マッサージオイルやローションは使う必要は

ありません。しかし、脚の場合は使いたいと思うかもしれません。アーモンド精油の入ったオイルがマッサージに適し、関節に凝りがある時は、ピーナッツオイルが最適です。

オイルを使う場合は、手を強くこすりつけオイルをすりこみ、まずオイルを温めてください。

頭皮のマッサージ

子どものポーズ（56ページ）で、頭と首の継ぎ目（後頭部の筋）を両手の親指でさすります。その間、人差し指は、頭の上部両側に置いて安定させます。両側の椎骨の上部にある、頭と首の継ぎ目の下のくぼみをさすります。頸椎の外側の筋に沿って上から下にマッサージしていきます。ここでは、はまるツボを探しましょう。次に、肩を人差し指と親指でつまみ、気持ちがいいと感じるまでマッサージします。今度は、円を描くように頭皮を指先でシャンプーするようにマッサージしましょう。頭と首の継ぎ目から頭頂に向かって、次に頭皮の真ん中から外側へ向かって、頭皮全体をまんべんなくマッサージします。人差し指の関節で円を描くように、こめかみを軽くさすります。指関節で強すぎる場合は、指先だけで行ってもかまいません。次に、人差し指関節で、顎のラインをマッサージします。耳たぶの下の上顎のラインから始めて、顎の真ん中まで下りてきます。さらに上顎と下顎のつなぎ目のちょうつがいの部分を人差し指関節でぐっと押してみましょう。このマッサージは3～6分行います。

他の瞑想

太陽光の瞑想

背骨の一番下から頭頂に向かって、強く鮮やかな光を放つ輝く太陽を想像してください。それぞれのチャクラが次々と光で満たされていきます。自分が太陽の光の中にいるとイメージします。あなたの体の中から湧き出る無限の創造性とエネルギーを思い浮かべましょう。

自己肯定

私はエネルギーに満ちあふれ、光輝いています。（1～10回繰り返す）

マントラを唱える

スカーサナ（安楽座）のポーズで、ラーム（ram）と3～5分間唱える。

亡骸のポーズ（63ページ）で5～15分間休む。

お気づきのように、どの一連のエクササイズもシャヴァーサナという亡骸のポーズで終わります。シャヴァーサナはアンチエイジングのための秘密兵器で、体全体の機能を緩やかにし、受容性と解放を促してくれます。

第9章

顔に栄養を

現代人の多くが食べ方、食べる時間、食べる量について悩んでいます。毎日、新しい食習慣、食事法が紹介されます。そのほとんどが、つい1、2カ月前にはやった方法とはまるっきり正反対のものだったりするのです。どこかの本屋で健康や栄養関連の書棚をじっくり見ながら、安易な解決方法、あるいは何か確かな情報をこれが最後だと思いながら探している、はたから見るとアメリカ社会全体がそういうふうに見えるかもしれません。新しい発見があると、そこから新しい奇跡の食べ物が作り出され、新たな栄養論が展開されていきます。極論にはなってしまいますが、奇跡の食べ物はついには、毎日の食事になり、初めはかたくなに反対していた人々の心を変えていきます。たとえば、野菜だけの食事、あるいはブラジル産ナッツのジュースが病気だけでなく、世界中の問題を解決するとでも言うように。人々はちゃんとした当たり前の食事をするのは意思の弱い人だけだと考え始めています。

これに加え、多忙な日常生活をこなしていくプレッシャーもあります。家族サービスをしたかと思うと、次は休む間もなく仕事へ。食事の準備をしてもらえたらこれほどありがたいことはありません。現代の生活は便利さに満ちています。おいしくて安価な食べ物が手軽に手に入ります。でもこの便利さには、とんでもない罠が潜んでいます。すぐに食べられる加工食品は大事な栄養素に欠き、栄養バランスがくずれ、糖尿病、肥満、高コレステロール、心臓病を招いてしまうことがあります。また、加工食品はあらゆる栄養素が欠如しているので、肌にも悪影響を及ぼします。

　低栄養は肌の老化を早め、肌のはり、色、きめに影響してきます。肌のアンチエイジングの最良の方法のひとつは、栄養バランスのとれた食事であることは間違いありません。

　肌は主な排泄器官のひとつで、栄養が足りないと、たちまちその影響が表れます。発疹がよく出るのは、多くが砂糖と加工食品の摂取が原因です。砂糖は皮膚細胞の破壊をも招き、顔と体の老化をみるみる加速させます。水分が足りなくなっても、顔は劇的に老けてしまいます。カフェイン、アルコール、塩分の過剰摂取、それに加え毒素も脱水症状の原因となり、目の下のしわやたるみとなって表われます。私もかつてはコーヒーをよく飲んでいたのですが、アライグマのように目の下にくまができてしまいました。美容のためコーヒーはやめようと思いましたが、1日1杯のコーヒーはやめられずにいます（抗酸化作用もありますしね！）

　生きていくために、食べることは不可欠ですが、幸い食べることは人生最大の喜びでもあります。感謝の気持ちを持って意識的に食事をすると、大いに満足感が得られ、体のすべての感覚にとって祝祭となるでしょう。食べることは、儀式であり、祝福であり、意識と尊敬の念が最高に高まるひと時でもあります。マウスをクリックしたり、リモコンを操作したりする合間に、気もそぞろにさっさと片付ける行為ではありません。ましてや、運転中などもってのほか！　食べる前にほんの少し、ペースダウンし、意識を集中させれば、健康と見た目を大きく変えることができるかもしれないのです。

　栄養に関する知識は、基本さえ理解すれば難しいものではありません。私たちは誰もが健康でバランスのとれた食事をとることができます。体に気を配った食事がもたらしてくれる健康と美を享受しましょう。そのためのコツを紹介します。

散漫にならないように

　食事は瞑想であると考えてみましょう。食事を心ゆくまで楽しまない人が多いのは、孤食が多いからではないでしょうか。けれどもひとりで食べることは自分自身に栄養を与えるすばらしい機会になるのです。

　これをエクササイズと考えて、試してみましょう。食事は健康に生きるために必要なもの、また、おいしくて、バラエティ豊かなもの、と心から思ってください。メニューを書き出してもよいでしょう。食材の買い出しに出かけるのもよいかもしれません。そして、心を込めて料理の準備を始めます。野菜を洗ったり、刻んだりするのを楽しみ、食べ物の匂いや色を味わいます。すてきなテーブルセッティングをしてみましょう。食卓につき、匂いを堪能し、まずは目で楽しみます。これから食べようとしている食べ物と、それが体と心に栄養を与えてくれることに感謝の祈りを捧げます。その食べ物を与えてくれた地球にも感謝します。

　静かに、全神経を集中して、ひとりで食べます。できるだけ時間をかけてゆっくり食べましょう。食べ物の色、味、食感、香りを味わいます。1口食べたら30回噛みましょう。ゆっくり噛めば噛むほど、深く味わえるはずです。先日、ワイルドライスを食べてこのエクササイズをやってみたのですが、木の実のように香ばしい味わいに驚きました。すぐに飲み込むと味わえない、土やムスクのような香りがしました。心ゆくまで味わいを堪能したので、何気なく食べていた時ほどたくさん食べる必要はありませんでした。

　備考：このエクササイズの目的は、話したりせず、食べることだけに意識を向けることです。これは禅の食事の作法で、全身全霊で食事をします。だからこそ、ひとりで食事をしていただきたいのです。このエクササイズを1、2回、あるいはもう少し行い、その後日常の他の場面でもぜひ行ってみてください。そして、他の人がいるところでも、こうした気持ちが持てるよう試してみてください。

罪悪感をなくす

　しっかり食べましょう。きちんと調理された健康によいものを食べて、心と体に栄養を与えることで、自分自身を大切にすることができます。健康な体を作り、長生きして、豊

かな人生を送ることのできる力をつけていくのです。それは、周囲の人たちにもいい影響を与えていくことでしょう。健康で体が丈夫、そして幸せであれば、愛する人々の中で、自分の存在感を増していくことができます。

　よく食べ、満たされることは可能です。それが人生の基礎になります。私のようなタイプの方は、体がほんとうに必要としているものがわかるまで少し時間がかかるかもしれません。でも、空腹感を抑えたり、必要としているものを我慢したりすると、新陳代謝が悪くなったり、反動が大きくなったりするかもしれません。たとえば、カフェインの入った飲み物を食事代わりや食欲を抑えるために飲んだりすると、カフェインが血糖に悪影響を及ぼすため、体のエネルギーが急激に減少したりします。脱水については前にも書きましたが、カフェインの利尿作用は脱水症状を引き起こすこともあります。

　重要なのはバランスです。体の他の部分同様、肌もさまざまな栄養を含む食べ物をバランスよく摂取する必要があります。エネルギーのバランスを考えると、朝食の前に、まずヨガや瞑想を行うと、さらに効果が上がります。この朝食前の儀式に時間をかける必要はありません。5〜10分間、ストレッチをしたり、自分の呼吸に意識を向けたりすると、体がすばらしい食事を取り込む準備が整います。

　こうして、食卓につく頃には、体がほんとう−に必要としているものを受け入れる準備が整い、より賢い選択ができるようになっているはずです。

自分の感性に従う

　食事とは、フォークを持ち上げ、最初の一口を噛むずっと前から始まっている感覚運動的な過程と考えてみましょう。このような食事をするには農場から直送されたものが並んでいる市場が最適です。露店を食べ歩き、見た目や香りを吟味しながら食材を選びます。あなたの目を引き付けたものが、あなたの体が欲しているものなのです。五感で楽しみましょう。

空腹でなければ、食べない

当たり前のことではありませんか？ でも、ふと手を伸ばしたらそこに食べ物があったり、退屈していたり、やらなければならないことを後回しにしたり、そんな時に何気なく食べてしまうことはありませんか？ また、体が疲れていたり、脱水症状を起こしていたりしても、脳から信号が送られ（特に糖を欲する）、空腹を満たすように要求することがあるのです。一日の終わりに甘いものが欲しくてたまらなくなったら、その欲求を打破してみましょう。コップ1杯の水を飲むのです。あるいはさっさと寝てしまいましょう。それこそが体がほんとうに欲しているものです。何気なく食べてしまうことを防ぐためには瞑想も効果的な方法です。5〜15分間の瞑想で無駄食いをなくすことができます。散歩に行くのも手です。意識を向けることが大切なのです。

無でいることを心地よく感じる

長時間でなくてもほんとうに空腹を感じるまで十分時間をあけましょう。そうすると効率も上がり、エネルギーが体内に満ちてきます。ほんとうに食べたくなるまで時間をあけると、新陳代謝もより活発になります。

自然食品がより効果的

食べ物に繊維が多ければ多いほど、消化、吸収に時間がかかります。これは血糖に好都合です。簡単に言えば、白米ではなく玄米のようにまるごと食す自然食品は、空腹を十分に満たしてくれます。そのため、食べすぎることなく、ブドウ糖をゆっくり生成するので、肥満や肌のトラブルを防いでくれます。

アメリカ人の精製された砂糖の過剰摂取は、さまざまな健康問題の大きな原因であり、その中のひとつが糖尿病のリスクです。糖はインシュリンを増加させ、ホルモンバランスに影響を与え、ニキビの原因になったり、炎症を起こしたりします。私も精製された砂糖を取っていた頃、甘いものが欲しくてたまらず、どうしようもありませんでした。精製糖をやめると、肌の色はよくなり、きめも整ってきました。前にも書きましたが、肌は排泄器官であり、体は消化できないものを毛穴から排出します。このため、肌は脂っぽくなります。体は処理しきれなくなった脂をすべて顔に出してしまうのです。

一般に、全粒粉、ミネラルなどを使ったビタミン豊富な食べ物を選べば、血糖値は安定し、体重も減り、顔や体のむくみがなくなります。次に肌によい食べ物を紹介します。

抗酸化物質

　抗酸化物質は、環境ホルモンや紫外線、不健康な食生活が引き起こす酸化から肌を守ってくれます。また、病気、特にがんの予防効果もあります。

　ビタミンA、C、E、セレンなどを含む抗酸化物質は、さまざまな食べ物に含まれています。

ビタミンA…さつまいも、にんじん、かぼちゃ
ビタミンC…柑橘類、トマト、ベリー類
ビタミンE…小麦胚芽、アーモンド、桃
セレン…七面鳥、マグロ、カテージチーズ

オメガ3脂肪酸

　オメガ3脂肪酸は肌を守り、体にもとてもよいものです。鮭やくるみ、亜麻の種や亜麻仁オイル、オメガ3脂肪酸強化卵に含まれています。オメガ3脂肪酸は満腹感を与えるので、バランスのよい、栄養のある食事には欠かせないものです。さらに、体に悪いものを食べたいという欲求を抑える効果もあります。

緑黄色野菜

　色の濃い葉物野菜やアブラナ科の野菜は細胞の再生に大きな力を発揮します。これらの野菜の酸化作用は、細胞を形成するミトコンドリアの生成を助けます。ケールやほうれん草、レタスやブロッコリーを食べると、肌細胞の再生が持続します。これらの野菜をジュースにするととてもおいしく（デトックスのためにレモンとしょうがの絞り汁も加えてください）、すぐにその効果が表われ、明るく澄んだ肌になるでしょう。

牛乳

牛乳も肌にはとてもよい食べ物です。牛乳には肌にとてもよい亜鉛（穀物やアブラナ科の野菜にも含まれています）が多く含まれています。ヨーグルトも効果抜群です。発酵過程で生まれるバクテリアのおかげで、肌細胞に栄養を与えてくれます。伝統的なインド医学から生まれたアーユルヴェーダでは、牛乳に含まれる脂肪は、細胞の組織を形成する基本要素であるため、肌の再生を助けると考えられています。ヨーロッパの伝統的なスキンケアにも牛乳を使ったものが昔から多くあります。

液体および水分の多い食べ物

レタス、メロン、きゅうりは、水分を多く含み、体を冷やしてくれ、利尿作用もあります。むくみを取り毒素を排出し、満腹感も与えてくれます。驚くほど肌がうるおいます。みずみずしい肌は、乾燥から肌を守り、顔の老化を防ぎ、食べ物の栄養を取り込みやすくします。

肌に水分を取り込む最良の方法は、水をたくさん飲むことです。無理はせず、でもできるだけ多くの水を飲んでください。できれば室温と同じくらいの水がよいでしょう。体内の温度とも差がないので、急激な温度変化で内臓をびっくりさせてしまうことがありません。とはいえ、暑い日に飲む氷の入った飲み物は格別ですし、気分がすっきりします。

できるだけろ過された水を飲むようにしましょう。環境ホルモンなどの毒素を取り除き、さらに内臓や肌が吸収するものをろ過してくれます。ぜひ浄水器を買って、ご家庭の水道の蛇口に取り付けてください。ろ過した水をマイボトルで持ち歩くこともできます。店で水を購入するより、このほうが体にも環境にもよいのです。売られている水は、業者が宣伝しているほどきれいではないことがよくあります。

ハーブティーを飲むと、おいしく水分を体に取り込むことができます。喉の乾きを鎮め、おいしさが口に広がります。体は水分が不足すると、甘いものを欲します。甘いものが欲しくなったら、ハーブティーの出番です。シナモンは天然のすばらしい甘味料で、アイスティーや紅茶に入れるととてもおいしくなります。シナモン入りのハーブティーが売られているので、それを買ってもよいでしょう（私のお気に入りは Celestial Seasoning か

Yogi Teaのベンガル・スパイスです)。または、自家製ドリンクを作ってみてください。水6〜8杯を火にかけて沸騰させ、そこに3、4本のシナモンスティックを加え、ふたはせず、弱火で20分ほど煮出します。他のスパイス（ティースプーン1杯くらい）、クローブ、しょうが、ナツメグ、カルダモンのうちどれか、あるいは全部入れてもよいでしょう。火を止めたら、1、2分置いておきます。それを茶こしでこして飲んでみてください。温めた牛乳を入れて、インドの伝統的なチャイにしてもよいでしょう。このお茶は冷やしてもとてもおいしくいただけます。夏の暑い日には、冷やしたペパーミントティーも格別です。

　ハーブはキッチンで誰でも育てることができます。ミントは特に育てるのが簡単で、いろいろな料理で、味を引き締めるアクセントとして活躍します。ヨーグルトのような乳製品とも相性抜群です。

　レモンバーベナはほのかに香るハーブで、お茶にしてもおいしくいただけます。紫バジルを育て、葉をちぎって、トマトサラダやタイ風の炒め物に加えてみてください。ラベンダーは甘いカスタードに加えればほどよいアクセントになり、フルーツサラダに少量入れてもおいしくなります。

　きちんと食べることは予防医学であると考えてください。体が必要とし、欲する栄養を与えると、体も生活もバランスがよくなります。体が必要とし、取り入れたいと欲しているものに合わせると、不健康な食生活に陥ることはなくなります。たまにこの自然の流れに反すると、毒素への耐性はかなり弱まり、肌がたちまち反応するはずです。体内がきれいになると、体はこれまで平気だったものに拒否反応を示すようになるのです。健康は常に進化を続けるものです。つねに進化し、日々の営みによって磨かれていくのです。

　バランスのよい食事を意識すると、肌はさらに調子がよくなります。体に必要なものは顔にも必要なのです。健康によい、鮮度の高い、おいしいものをいろいろ食べ、肌に栄養を与えてください。

第 10 章

自然由来の化粧品とサプリメント

9章では体に栄養を与えるものが直接顔にも影響することを見てきました。この章では顔に付けるものに目を向けましょう。肌は毛穴から栄養分を食べます。肌の表面に塗られたものは血液へと吸収され（局部疼痛療法）、内臓、筋肉、神経、結合組織へと栄養を届けます。だから、オーガニックな原材料から作られたスキンケア商品は、肌にもとてもよいのです。たとえば、オーガニック素材が25％になると、抗酸化作用がより強くなります。一般に出回っているあらゆる化粧品類のボトルに印字された、難しい発音のさまざまな化学物質を肌がぐんぐん吸収する。そんなことをあなたは望みますか？

幸い、高品質で純度の高いスキンケア商品を生産する企業がどんどん増えています。これらの企業はますます明白になってきた事実をきちんと認識しているのです。口から食べたいと思わないのなら、毛穴や肌、内臓にも食べさせてはいけないという事実を。

肌をよい状態に保ち、さらによいものにしていく項目別の6つのステップ（そしてそれ

ぞれに合った商品）は、クレンジング、角質除去、毛穴の汚れ落とし、肌の引き締め、保湿、そして保護です。

クレンジング

クレンジングは最初の（そしておそらく最も重要な）ステップです。肌というキャンバスをきれいな状態に整えるからです。クレンジングは、細菌、余分な皮脂、汚れを取り除きます。しかし、間違った製品を使うと、肌にダメージを与える恐れもあります。市販されているものの多くは化学物質を含み、効果が強すぎるため、肌本来の防御機能（皮脂）を奪い、必要以上に肌を乾燥させるのです。強い化学物質を含まない、穏やかで肌にやさしいクレンジング剤（フルーツ酸を含むものは肌に溜まった古い角質層を取り除くのに最適です）を探してください。野菜が原料の石けんにもすぐれたものがあり（特にオリーブオイル）、肌にもとてもよいのです。私のお気に入りはフルーツ酸の入った洗顔料です。私の肌のタイプ（オイリーとノーマルの混合肌）にぴったりで、古い皮膚をやさしく取り除いてくれます。

クレンジングするためには、まず肌を濡らし、円を描くように、軽く指先を走らせます（熱湯は使わないでください。ぬるま湯がベストです）。首や喉のあたりもクレンジングしましょう。下向きにこするのではなく上向きに軽く指をすべらせてください。洗い流す際、冷水を使うと毛穴が引き締まります。クレンジングの後は、清潔なタオルで軽く押さえるように水分を拭き取ります。肌を軽く叩くと肌の表面の血行がよくなり、頬に赤みがさし、より多くの酸素が運ばれます。

洗顔は私たちが自分の顔に触る主な習慣のひとつで、通常は１日２回です。クレンジングは自分の美しい顔に、やさしくていねいに触れることのできる絶好の機会なのです。いつも行うことなので、普段のやり方を意識して、すぐに改善することができます。クレンジングのやり方をよりよいものにしていけば、肌がはっきりと変わっていくのがわかるでしょう。

就寝前にていねいに洗顔し、リネンをこまめに変えていれば、起床後、朝一番に洗顔をする必要はありません。寝ている間は汚れませんし、防御するために肌を覆っているものをわざわざ引きはがす必要はありません。運動して顔に汗をかいてから洗顔をすればよい

のです。

　体を洗う時も同じ理屈が当てはまります。肌を強くこすりすぎてはいけません。体の洗浄を、自分自身を祝福する沐浴の儀式にしましょう。古(いにしえ)のヨギたちは体を洗うこと（シャウチャ）を、ヨガ道の重要な儀式（ニヤマ）ととらえていました。インドでは、今も沐浴は神聖なものとされ、オイルを付けて体をさすった後、入浴すると幸運が舞い込むと言われています。入浴中には、洗浄の儀式に感謝の祈りを捧げます。入浴はシャワーより洗浄効果がずっと高く、アーユルヴェーダ（インド医学）の大きな部分を占めます。洗浄の時間を儀式にするとよいことがたくさんあります。体の外側だけでなく、内側も快適にしてくれるからです。体をこする時（ヘチマや浴用タオルで）、歌ったり、マントラを唱えたりしてみてください。やさしく体をなで、それから入浴します。お風呂にエッセンシャルオイルや牛乳、または生のハーブをひとつかみ入れてみてもよいでしょう。お風呂のお湯を汲み出して少なくし、お湯が静かに落ち着いたら、ハーブのティーバッグ（カモミール、ミント、またはアプリコット、イチゴ、ラズベリーといったハーブ系のフルーツティー）を入れ、その中に浸かります。レモン、オレンジ、ミント、ラベンダー、ジュニパー、バジルのエッセンシャルオイルを2、3滴、熱いお風呂に入れると効果抜群です。

　入浴をさらに儀式とし、ささやかなリトリート（静修）のひと時とするには、電気を消し、ろうそくの灯りだけにするとよいでしょう。そして、歌ったり、マントラを唱えたり、神秘的な音楽を奏でたりします。髪を洗う時は思いっきり冷たい水ですすぐと、髪の輝きやつやが増します。入浴後、体にやさしい天然のオイルで体をなでます。肌をなでながら、体に痛みがないか確かめます。敏感になっている部分に手を当て、やさしくケアします。

　家で体の手入れをするのは楽しみでもあり、神聖なる美の女神とつながる神秘的な手段ともなりえるのです。

　信じられないかもしれませんが、自宅で手軽にさまざまな肌の手入れを行うことができます（時間がなかったり、キッチンに立つのが性に合わなかったりしたら、新鮮でオーガニックな自然由来の商品が使い切りサイズで売られているので、お買い求めください）。

　自家製のアーユルヴェーダの石けん作りを試してみるのもよいでしょう。不純物のない無香料の自然由来の液体石けん1カップに、水かハーブティーを半カップ、エッセンシャルオイル5滴を入れて作ります。エッセンシャルオイルは数種類を混ぜて使うこともでき

ますが、全部合わせても5滴までにしましょう。これに適したオイルは、イランイラン（精神安定、高血圧用）、ウインターグリーン（皮膚病に効く）、サンダルウッド（敏感肌や※皮膚線条に効く）、グレープフルーツ（筋肉の痛みやこり、ニキビに効く）、黒パチョリ（ニキビ、神経過敏）、ラベンダー（精神安定）、ペパーミント（体を温める）、ティーツリー（ニキビ、オイリースキン用）、ユーカリ（日焼け、虫刺され用）、カモミール（抗炎症）、ゼラニウム（精神安定）、バラ（肌の栄養）などです。

　最後のポイント：副鼻腔炎にも洗浄が効くのです。ヨギは鼻洗浄用ポットを使い、鼻づまりや副鼻腔炎に悩む人々を治療しました。不純物のない、ろ過したぬるま湯に海塩をひとつまみ入れ、頭を後ろに倒し、この湯を片方の鼻腔に鼻洗浄用ポットでそっと注ぎ入れ、もう片方の鼻腔から出します。この逆も行います。すぐに鼻がすっきりとし、鼻の粘膜の腫れがおさまります。鼻洗浄用ポットを使うと、炎症が抑えられ、鼻がつまっていたら呼吸が楽になります。不純物のない海塩を混ぜた塩水を吸い、吐き出すことで鼻周辺の組織の調子も整い、たるみがちな肌が引き締まります。

● 角質除去

　肌の角質層から死んだ細胞を取り除くことは基本的にとても重要です。肌にやさしい角質落としでシミやくすみを入念に取り除くことができるのです。角質落とし用の製品は、ぜひフルーツの入ったものを探してください。フルーツに含まれる酸は、肌の内部に溜まった古い角質を取り除く働きがあるので、その後には若々しくみずみずしい層が現れてきます。

　どんなフルーツにも酸が含まれますが、特に肌によいのはパイナップル、パパイヤ、イチゴ、アプリコット、ブルーベリーです。市場には顔用のすばらしいスクラブが多く出回っていますが、自分だけのスクラブを手作りすることもできます。スクラブを使うのは肌の角質落としをするためのすばらしい方法です。古い肌細胞を取り除き、若々しく明るい肌を出現させるのです。スクラブを使う時は、ごしごしこすらないこと、目の下のデリケートな部分は避けること、以上2点に注意しましょう。

　挽いたオーツ麦とアーモンドを1対1で混ぜ、そこに少量の水を入れたものには高いス

クラブ効果があります。即席のものではなく、全粒のオーツ麦を使いましょう！　くるみの殻を挽いたものは昔からよくスクラブに使われてきました。角質落としと保湿にすぐれ、スクラブ剤に打ってつけです。けれども使いすぎたり、力を入れてこすりすぎたりすると、肌が荒れて乾燥しすぎるかもしれません。数社で製造されている人気のスクラブはアプリコットとくるみの殻を使ったものです。乾燥肌や敏感肌の方は、ここは飛ばしてください。

　小麦粉と水で（乾燥肌なら牛乳）スクラブを作ることもできます。入浴の前にヘチマかスポンジでスクラブを顔に塗ってください。痩せ型で乾燥肌の傾向が強い人は、ヒヨコ豆、キビ、オーツ麦粉、アーモンド、ゴマ（またはココナッツオイル）、牛乳で作ったペーストを試してみてください。中肉中背でエネルギッシュな人は大麦か米粉に牛乳を混ぜてください。動作がゆっくりとしてほがらかな人は、トウモロコシかキビを挽いて粉にしたものに泥と水を混ぜたものがよいでしょう。

　塩でスクラブをすると、体から古い皮膚を落とし、同時に保湿もするので、赤ちゃんのようにやわらかく、しっとりうるおった肌になります。市販されている製品にもよいものもたくさんありますし、スパに行ってボディスクラブをやってもらうこともできます。砂糖もよく体のスクラブに使われます。表皮についた垢を強力に取り除いてくれるからです。私は海塩、ミント、オイルを混ぜたものを自分で作り、お風呂にゆっくり浸かって肌がやわらかくなった後、マッサージをして、体全体をスクラブで洗っています。足裏にも少量付け、軽石でこすっています。毛穴の奥深くの汚れを取り除きたい場合にはパックをします。パックは毛穴の奥深くまできれいにし、表皮の下にある汚れを外に出します。同時に肌の奥深くまで水分を行きわたらせます。パックは肌の上に長時間留まることで、毛穴から、表皮の下の細胞に水分や栄養が届けられるようになっています。パックもイチゴ、バナナ、パイナップル、パパイヤなど、数種類のフルーツを使って手作りすることができます。ただフルーツを潰して小分けにし、洗ったばかりの顔の上に広げていくだけです。パックの後、スクラブとして使えるので、挽いたオーツ麦を少しつなぎとして入れてもよいかもしれません。パックは5分ほどしたら、水を少し加えて、指先で円を描くようにして洗い落としていきます。パパイヤのパックは、とても強い酵素が含まれているため、死んだ肌細胞をきれいに取り除いてくれるので気に入っています。

毛穴の汚れを落とし

泥は、昔からある、ディープクレンジングの材料で、不純物を肌から取り除き、汚れを吸着する余分な皮脂を乾燥させて取り去ります。毛穴が大きいため、すぐにつまってしまう人が、良質の泥パックをすれば、きめが整い、肌が美しくなるでしょう。毛穴は引き締まり、汚れも落ちてきれいになります。緑色や赤色の泥で作られた商品を選んでください。健康食品の店で乾いた泥を買い、自分で作ってみてもよいでしょう。十分な水を加え、なめらかになるまで練って、顔に塗るのです。泥がある場所に住んでいる方は、少し取ってきて、自分の肌に塗ってみてはいかがでしょうか。カリフォルニア州のビッグ・サーでは、アメリカ先住民が儀式に使うのと同種のすばらしい泥を見つけ出すことができます。きっと純度の高い天然の泥を見つけに行きたくなるでしょう。人の手が届きにくい場所ほど上質な泥が見つけられるのは確かです。

蒸気を当てるのも効果的な方法で、毛穴が開き、汗と一緒に老廃物を出してくれます。蒸気をあまり長く当てすぎないように気をつけ（せいぜい15分が限度です）、適度なところで肌を乾かします。終わったら必ず水をたっぷり飲んでください。温泉で体や顔全体に蒸気を浴びたり（ユーカリを少量入れた水の蒸気には殺菌作用もあります）、家で顔、喉、首に蒸気を当てたりしてもよいでしょう。大きなやかんに水を沸かし、大きなボウルに移します。そこに、肌の悩みに応じ、生のハーブなら小さじ2杯、エッセンシャルオイルなら2滴（デトックスにはローズマリーが最高です）入れます。生のハーブがなければ、ミントのティーバッグを使ってもよいでしょう。頭にタオルを置き、ボウルの上に顔を持っていって、肌に暖かい、アロマが香る蒸気を飲ませてあげるのです。近づきすぎてはいけません。肌が燃えるように熱くなりますから（湯から15センチほど離れると安全です）。5〜15分間蒸気を浴びたら、冷たい水をかけ、収れん化粧水をつけます。最後は軽い保湿剤で仕上げます。

肌の引き締め

収れん化粧水は、しっかりクレンジングした後、肌を引き締め、毛穴を閉じる働きをします。余分な皮脂を取り除き、肌を明るくします。収れん化粧水は、ディープクレンジン

グの後も使えますし、1日中いつでも使えます。午後クレンジングでしっかり洗い流した後ではなく、肌を引き締めるために使うと、肌から必要なものまではがしてしまう心配がありません。

　肌全体がオイリータイプ、または混合肌の場合、収れん化粧水はクレンジングと保湿の間に使うのがよいでしょう。肌を保護する収れん性の高い化粧水を使ってもよいかもしれません。カモミール、ラベンダー、キンセンカは自然由来のとてもよいものです。地元の健康食品のお店で、自分の肌タイプに合った成分の入っているオーガニックな収れん化粧水を選んでください。ティーツリーのオイルを薄めたものには、すぐれた抗菌作用があり、ニキビや発疹がよく出る人におすすめです。普通肌、あるいは乾燥肌の方も、収れん化粧水はもちろん使っていただいてよいのですが、必ず、収れん性がそれほど高くないもの、たとえばローズウォーターがベースのものなどを選ぶようにしてください。肌に残っている汚れや老廃物、汗を取り除き、肌をさっぱりさせるために、一日を通して収れん化粧水を少量使ってもよいでしょう。収れん化粧水を使ったら、必ずSPF15を付けなおすこともお忘れなく（オイリー肌の場合には、SPF15以上のものは使わないでください。15以上のものは塗ると厚くなってしまいがちで、毛穴をつまらせてしまうのです）。

保湿

　肌は少し湿らせておいて、保湿剤を付けるようにしてください。付けすぎてしまう人が多く、そうすると、顔が脂っぽくなって、吸収できない状態になってしまうので控えめにしてください。少なめに塗ったほうが効果が上がるということを覚えておいてください。顔の表面を人差し指と中指で、軽く上向きになでていきます。軽いマッサージと考え、肌の表面の血行をよくしていきます。それから、人差し指と中指で肌を軽く叩いて、保湿剤やオイルを毛穴に染み込ませます。毛穴は叩いたほうがよく飲んでくれ、肌に付けたものを無駄にすることもなくなります。肌が保湿剤を付けた後もてかっているようなら、全部吸収していないことになります。てからないようになるまで肌を軽く叩いてください。最後は肌を軽く押さえつけてください。血行がよくなり、頬に明るさが戻ります。

　オリーブオイルや他のピュアオイル（アプリコット、アーモンド、ココナッツ）は自然

由来の最良の保湿剤です。肌用のオイルを購入する時、何よりも品質が大切です。必ずオーガニックなもの、そしてできれば熱処理していないものにしてください。光が当たる場所に置かれていなかったかどうかも要チェックです（色の濃いびんに入って、冷暗所に置いてあるのが好ましいです）。アプリコットオイル、アーモンドオイル、ココナッツオイルは肌にとてもよいので、クレンジングの後、肌にほんの少し付けてください。植物や花で香りを付けたオイルは、用途や好みに応じて少量加えてもよいでしょう。ベースとなるオイルに加えるハーブや花の効用は以下の通りです。

キンセンカ：抗炎症

ラベンダー：鎮静効果、殺菌効果

ティーツリーオイル：強い抗菌作用、オイリー肌に最適。ただし使用量は少なめ。

ローズマリー：クレンジング効果

バラ：滋養

オレンジ：不安解消、肌の引き締め

レモン：元気回復、収れん

ネロリ：腫れが引くミラクルオイル。香りよく、沈静効果と共に誘淫効果もあり

　シアバターも天然由来の保湿剤です。栄養価が高く、ほんの少量、髪、肌、唇に塗るだけで保湿になります。シアオイルはすぐに傷んでしまうので、冷暗所に保管してください。
　はちみつは自然が作った、体にも、肌にも、奇跡を呼ぶ食べ物のひとつです。ヨーグルトとはちみつのパックを作り、肌に水分を与え、保護することもできます。カップ4分の1のヨーグルトに大さじ1杯の生はちみつを混ぜて作ってください。顔、喉、首に付け、5分から10分程度おきます。プロポリスは蜂によって作られたもので、肌が有害なものを吸収しないようにします。プロポリスは免疫を活性化させ、人を元気にしてくれます。
　アボカドのパックは、赤ちゃんのようにしっとりとやわらかい肌にしてくれます。熟れたアボカド半分をつぶし、顔に付けてください。10分ほどおいたら、洗い流し、軽く叩くようにして水分を拭き取り、保湿をします。

保護

スキンケアと肌の美しさは、肌の保護を語らずに終えることはできません。有害な太陽光線から肌を守ることこそ、肌表面の老化を防ぐ最も重要なことです。

不幸にも、今、私たちはますます増える紫外線にさらされながら生きています。これは生命そのものへの脅威（皮膚ガンという形で）であるばかりでなく、紫外線を大量に浴びると、老化が早まるという最悪（そして容易に回避できる）の形で、見た目に影響を与えてしまいます。SPF値の高い保湿剤（15がベスト）を、顔だけでなく、手、腕、そして太陽光線を受けるあらゆる部分に付けるようにしましょう。暑い時には、つば付きの帽子、手袋、長袖を身に付けるとよいでしょう。夏にはおしゃれなパラソルを持ち歩き、カラスの足跡が増えないように紫外線カットのサングラスをかけましょう。最近ではビーチでベドウィン族（アラブ系遊牧民）の服に似たカフタンを着ているマドンナが写真に撮られました。やりすぎかもしれませんが、世間のアラフィフというイメージをはるかに越えて魅力的だったのは確かです。

顔と体の栄養

肌は栄養分を毛穴から吸収し、取り込みます。胃腸が栄養分を取り込むのと同じ方法で肌からも取り込むことができるのです。すぐに肌が吸収できる、自然由来の成分や食べ物がたくさんあります。これがアーユルヴェーダ医学で、補強オイルを用いる理由のひとつです。

顔に使用する場合、一般的に使われるものとその効果は次のようなものです。

　　ローズマリー：肌の調子を整える、浄化
　　ヨーグルト：保湿、肌をやわらかくする
　　ココナッツ：肌をやわらかくする
　　ペパーミント：肌の調子を整える
　　レモン：肌の調子を整える、うつの緩和
　　ラベンダー：デトックス、元気回復

バーベナ：肌の調子を整える

パイナップル、パパイヤ、イチゴ、ブルーベリーは、フルーツ酸と抗酸化物質を含み、古くなった肌細胞をこすり落としてくれます。フルーツを潰し、小分けにして、洗顔後、顔全体にパックします。5〜10分間放置し、洗い流します。軽く肌を叩き、軽めのお好きな保湿剤を付けてください。

きゅうりはむくみを予防します。昔からある目の上に薄く切ったきゅうりをのせる方法はたるみに効きますが、ピューレ状にしたきゅうりを顔全体に塗っても同じ効果があります。きゅうりは、食べてもむくみや腫れを予防することができます。

オートミール、アーモンド、アプリコット、細かくすり潰したクルミの殻は、肌の角質を落とし、磨き上げるスクラブ剤として最適です。

にんじんとかぼちゃはどちらもピューレ状にして肌に付けると、なめらかでやさしい付け心地です。にんじんとかぼちゃに含まれるビタミンAは、栄養価が特に高く、肌をやわらかくして古い角質を取り除く働きがあります。にんじんを2、3本、タヒニ（ゴマを粉末にしたもの）を小さじ1杯フードプロセッサーにかけてピューレ状にします。かぼちゃの場合は、生のもの（カップ4分の1ほど）をフードプロセッサーにかけてピューレ状にします。にんじんとタヒニのピューレを、肌をやわらかくするため、またはパックとして、使ってみてください。または、肌にとってこれらのおいしく自然な食べ物が成分として入っている保湿剤を探してみてください。この保湿剤は足裏や手にも付けることができます。

柿は保水力が極めて高く、ローズゼラニウムと合わせると、すばらしい抗炎症作用が生まれます。これらを含む保湿剤は普通の健康食品のお店でも見つけることができます。

精製水、またはバラかオレンジの花、ミント、柑橘類のエッセンスが少量入った水は、1日のうちいつ使っても気持ちがよいものです。Burt's Bees社とEvian社がよい製品を作っています。暑い日には、肌も体と同じく、飲み物を必要とするのです。

指圧

クレンジングと保湿の後は、指圧、マッサージ、または顔のエクササイズをいくつかやってみましょう。顔の若返り効果をより高めるには、鍼灸師の施術を受けるのも一案です。

顔の鍼は東洋では昔から行われてきましたが、西洋人はやっとその効果に気づき始めたところです。経験豊富な鍼灸師のところへ行って、小さな針を顔の表面に刺して、しわ取りをやってもらうこともできます。エネルギーと癒しを得るために、主なツボを刺激するだけでなく、このような治療によって、しわのない若々しい顔になり、数週間はその状態を維持できます。

メイクアップ

アートさながらのメイクアップを駆使して顔の印象を変えて楽しむことは、ある種のスキルであり、いつでもその腕をあげることができます。どんな達人も、常に新しいやり方を学ぶことができるのです。また、私たちは自分自身を決まった見方しかできず、もはや客観的に自分自身を見ることができなくなっています。

あるいは自己像は、現実から遠く離れた時間と場所に凍り付いているのかもしれません（ある時代のスタイルにとらわれている人がたくさんいます。自分が一番輝き、魅力的だった時代、または自分のスタイルを確立した時代なのでしょう）。最も顕著に年齢と老化が現れてしまうことのひとつが、流行遅れの服装なのです。友人や家族の中に必ずいるはずです。グラディス叔母さんのいつ見ても相変わらずのブッファンスタイル（全体にふっくらするように逆毛を立てた髪型）（1961年頃）、フィル叔父さんのポリエステル製オレンジと茶の千鳥格子のベルボトムのレジャースーツ（1974年頃）など。ファッションにとらわれるなと言っているわけではありません。それどころか、自分に影響を与えるものについて感性を磨き、新しいものへも挑戦してほしいのです。メイクアップに関して言えば、たとえば、口紅を変えるだけで、お金もかけずに簡単にイメージチェンジができます。歳をとると、コラーゲンが失われ、その結果、肌色はくすみ、つやもなくなります。すると、明るい色はコントラストが強すぎてあらが目立ってしまいます。自分の肌色に近い控えめな色が合います。オリーブ系、茶系の肌色の方はやわらかなコーラルピンクやゴールド系の口紅を付けましょう。アイボリーやピンク系の肌色の方は赤みの強い紫や赤系の色が合います。一般的に、自分の顔で一番好きな部分を強調するとうまく行きます。選ぶ部分は少ない方が効果的です。唇、頬骨、あるいは目、強調するのは一か所だけにするのが

ポイントです。

　SPF15の、少し色のつく保湿剤を買ってください。ひとつ買えば、重宝するでしょう。まずファンデーション、それから保湿剤、次に日焼け止めを塗るのではなく、この3つがひとつになった製品が、ベースを見事にカバー（これこそ本物のベースカバー）してくれるのです。色は自分の肌色にできるだけ近いもの（試しに顎のあたりにつけて、実際に日の当たるところで見てみるとよいでしょう）を選びます。私のお気に入りはBenefit's You Rebelです。軽くてしっとりとしていて、温かみのあるゴールドが少し入っています。私の肌によく合い、暖かい季節には、自然に日焼けをしたような感じになります。肌は歳とともに、つやや輝きが失われるので（これもコラーゲンがなくなるせいです）、さらっとしたパウダータイプの製品はやめましょう。肌に粉をはたくとちりめん状のひどい状態になることがあるので、ティッシュで余分な粉を拭き取るとよいでしょう。頬紅も年齢肌に使うと、どぎつい印象になるので一切使わないでください。顔ヨガですばらしい顔色を手に入れ（特に下向きの犬のポーズや頭立ちなどの逆転のポーズが効果的）、自然で明るい肌にしてください。

　もし目が落ちくぼんでいたり、目のまわりにしわができ始めていたら、下まぶたにアイライナーを引くのはやめましょう。目が小さく見えてしまいます。上まぶたのまつ毛の際にていねいに引くと、目が大きく見えます。

　まつ毛は高品質のビューラーでカールさせてから、少量のマスカラをまつ毛の根元から先へと塗ります。マスカラは付ける棒を回しながら付けていきます。マスカラはまつ毛の根元よりも先のほうにたっぷりと付けるようにしましょう。

　眉毛は顔の額縁であり、顔の印象を大きく変えることがあります。大きな半円形のアーチ型にすると、若々しく見えます。きちんと眉毛のお手入れをしますが、眉毛は抜くと生えてこないこともあるので、抜きすぎには注意しましょう。抜きすぎて、眉毛が薄くなると、老け込んで見え、眉毛は濃いほど、若々しく見えます。眉毛を描いてはいけません。増やしたい場合には、高品質の眉ブラシとシャドウを使ってください。色は必ず自分の髪の色に合ったものにしましょう。ブラシを湿らし、もとの眉毛のラインを伸ばし、より自然な仕上がりになるようにしてください。

ハイライト

　私はアイシャドーよりもハイライトの方が断然好きです。目立たせたいと思っている部分を明るく際立たせてくれるからです。目、唇、頬は、ほんの少しハイライトを加えるだけで、みごとに輝きを増します。頬紅やアイシャドー、地味な色の口紅等で顔に陰影をつけるのとは違い、ハイライトは顔立ちを隠すことも際立たせすぎることもなく、明るく輝かせるのです。歳を取ると肌はつやを失うので、顔に影を作ったり、顔立ちを地味に見せたりするなどもってのほかです。ハイライトは常にアイシャドーの近くに付けるものですから、自然に陰影ができる部分（眉骨、頬骨の上、目の下、鼻筋に沿って、上唇の上、顎の中央、髪の生え際、顎の線に沿って）を探し、ほんの少し明るくします。ハイライトをまぶたの中央や、眉毛に少量つけ、顔立ちをぱっと明るくしてみましょう。頬骨の上に少しのせれば、こけた頬がふっくらと見えます。鼻筋に沿って付けると顔が引き締まって見えます（あくまでも控えめに。たっぷり付けるのは夜の街に繰り出す時だけです）。下唇の下の中央にハイライトを入れれば口元をふっくらと美しく見せます。スポンジのついたアプリケーターでクリーム状のハイライトを塗れば、パウダー状のものとは違い、乾いても、しっとりとうるおって見える効果もあります。

サプリメント

　食物繊維をたっぷり含んだ加工していないオーガニック食品を使い、たくさんの種類をバランスよく摂るのが理想的です。体は、錠剤や粉からよりも、食べ物から栄養分をより効果的に摂取し、サプリメントの多くは吸収されにくいのです。錠剤は分解されにくく、多くの場合、吸収される前に排泄されてしまいます。けれども、サプリメントも使い方次第では効果があります。

　ミネラルは老化した肌の再生に必要です。歳を取ると、細胞を生成する場所であるミトコンドリアの活動が遅くなります。そこで、細胞に力を与えるのがミネラルです。スピルリナや藻には硫黄とミネラルが豊富に含まれ、これらには抗酸化作用があり、フリーラジカル（環境や食物に起因する有害物質）の影響を阻止するので、アンチエイジングに効果的な奇跡のサプリメントなのです。生の果物で作ったスムージーに緑のミネラルを加える

と、細胞が再生され、元気いっぱいの1日が過ごせます。しょうがとレモンを混ぜた緑の野菜ジュースは肌にとても効くカクテルであり、元気が湧いてくる一杯です。

硫黄は飲んで摂取する優れたサプリメントで、肌のミネラルの再生を助けます。硫黄を効果的に補給するサプリメントは、アルファ・リポ酸、コンドロイチン、グルコサミン硫酸塩（関節にもよく、炎症にも効きます）などです。

プロポリス、はちみつ、朝鮮人参は強力な滋養強壮作用のあるサプリメントです。プロポリスは特定の部分に塗ると天然の強力な密封剤になります。藻はすぐれたサプリメントで肌の表面にミネラルを再生します。肌にとてもよいこれらの栄養成分の入ったクリームと美容法をぜひ探してください。私のお気に入りは、海のミネラルがたっぷり含まれたDr. Alkaitis のオーガニック・フェイス・トリートメントです。

カルシウムとマグネシウムは骨密度を保つために必要なもので、合わせて取ると、より効果的です。できれば液体状のものを就寝前に摂ってください。鉄分は赤血球の生成に不可欠で、つまりは頬を明るくするものです。食事では、緑黄色野菜や色の濃い豆類を食べて鉄分を取ってください。鉄製のスキレットで調理するとよいでしょう。

効き目の穏やかなビタミン類のサプリメントは肌にとっても賢い選択になるでしょう。ビタミンCは免疫システムを活性化し、肌の再生を助けます。ビタミンAは抗酸化物質で卵や魚に含まれています。食事で摂取すると、細胞ががん化するのを防ぎます。ビタミンEにも抗酸化作用があり、酸化やフリーラジカルの害から脂質（細胞膜を形作るブロック）を守ります。最新の研究では、ビタミンEは、特定のサプリメントよりも栄養を摂ることで吸収されることがわかっています。

● 睡眠と休息

睡眠不足は加齢を加速させます。腫れぼったい目、くま、かさついた肌、これらはすべて、十分な休息を取っていないことを示すサインです。体の修復のほとんどは、深い睡眠を取っている時に行われます（睡眠中に椎間板がふくれるので、脊髄も夜には伸びるのです）。夜は時計を巻き戻し、最大限の修復を行うための時間帯なのです。

寝る前にラベンダーの香りのお風呂に入って、心と体に緊張をほぐす時間であることを

伝えましょう。そして、保湿剤を塗り、睡眠中に浸透させて、肌の修復を促します。目の下専用のジェルを付けると、腫れが治まります。保湿性の高いナイトクリームは顔の若返りに効果的です。肌の深部に水分が届くハンドクリームを就寝前に付ければ、手に若さが戻ります（手は年齢を隠せないとよく言われますが、夜用の保湿剤でお手入れすれば大丈夫です！）。就寝前に深部にまで水分が届く足用のクリームも試してみてください。ソックスを履けばさらに効果は上がります。

　ご紹介してきたような、体にやさしいけれど効果的なスキンケアを行うと、失われていたつやが表れます。さらにナチュラルメイクの腕も発揮し、目立たせたいところは強調し、隠したいところは目立たせないようにします。規則正しく十分な睡眠を取れば、仕事の能率も上がるでしょう。このような方法を実践すると、心の中で感じていることがはっきりと顔に現れてきます。心には年齢も時間も関係ないのです。

第 11 章

内面の美しさ
外見の美しさ

顔ヨガは、生き生きとしたまばゆいばかりの健康を体の内側から引き出してくれます。美しさは、健康という光り輝く宝石の一面なのです。健康になればその分、外見の美しさも輝きを増します。それなのに、多くの人が美しさは手の届かないもののように思っています。美しさを外見に求めるのをやめ、内面の深くに求めるようになれば、私たちはほんとうに美しくなれるのです。

　女優だった若い頃、私たちの美しさのとらえ方が文化とどのようにかかわっているかについて多くを学ぶ機会がありました。有名な演劇学校主催の俳優養成プログラムを受けた後、顔写真を撮ってもらうことになりました。初めての経験に不安がいっぱいで、モデルのように完璧でない私なんかにできるのだろうかと心配でした。俳優としてキャリアを積むことに興味はありましたが、近くから撮影されるのはどうも苦手でした。さらに、カメラマンのスタジオに並んだ映画スターたちの美しく、自信あふれる笑顔をふりまく顔写真

を見てすっかりおじけづいていました。自分はスーパーモデルのようなタイプではないとわかっていたので、顔写真の撮影を自分自身が美しさを演じる機会にしようと心に決めました。どれだけ不完全かというマイナスのメッセージを自分に送ることをやめ、撮影の前には、瞑想やランニングをし、栄養を考えてしっかり食べました。

　撮影の間、カメラマンは私をまるで恋人のように扱ったので、少し緊張し、気持ちが落ち着きませんでした。でもある時、大きな発見があったのです。もし私がこのカメラマン、そして彼との関係だけにフォーカスし（撮影にかけたシャレです）、どう見られているかなど気にしなければ、今、この場で起きていることを心から楽しめるのではないか、と。恋人のように接することで、カメラマンは私が自信を持って陽気にふるまえるようにしていたのです。心の殻を破り、カメラマンに言いたいことを言おうと決めると、すっかり気が楽になりました。彼の誘い文句に積極的にのっていくと（彼はもちろんほんとうに誘おうとしたわけではなく、いい写真が撮りたかっただけですが）、すべてが変わっていきました。

　1週間がたち、写真を見て、私の心は震えました。彼と戯れる私をとらえたショットは、とても美しかったのです。この日学んだのは、カメラは（人と同じように）人の発するエネルギーを確実にとらえるということでした。カメラは気分や考えていることを、スタイルや体のラインよりもずっと敏感に読み取るのです。実際に美しい人（一般的な定義においてプロポーションが完璧であるという意味で）の写真が必ずしも美しいとは限らず、かえって平凡な人のほうがきれいに撮れているというのは驚きでした。

　正統派の美人でなくてもスター性のある人がたくさんいます。エレノア・ルーズベルトの写真を見てください。彼女は奉仕と人助けに一生を捧げ、輝いていました。人を引き付ける魅力はありましたが、きれいとは決して言えませんでした。または、ハリウッドの大スターたちの無修正の古い宣伝用スチール写真を見てください。修正が施される前のベティ・デイヴィスはうっとりするような美人ではありませんが、どのシーンを見ても、魅力にあふれています。

　これは、魅力的なカリスマ性のある人々に言えることです。正統派の美人でなくとも、彼らはエネルギーとカリスマ性と魅力を放っています。実生活でセレブを見るとがっかりしてしまうのはこのせいです。私たちが持っていたイメージとは違うので、ショックを受

けるのです。美しさの神や女神のありのままの表情が収まったスナップ写真を見た時、半分神のような存在のセレブがスウェットの上下に野球帽という格好で通りを歩いているのを見かけた時、密かに喜びを覚えない人がいるでしょうか？　他人の不幸は蜜の味という心理以上に、こうした完璧なはずの人たちが私たちと同じ普通の人間なのだと知って、ある意味ほっとするのです。

　美しさは流動的な概念です。常に変化する感受性だけでなく、個人の力が時には及ばない文化的な影響や流行にもかなり左右されてしまいます。たとえば、食料が不足すると、豊満な肉体がもてはやされます。肌の色も理想とされていたものが好まれなくなったり、また逆になったりもします。自己像もお天気のように変わります。気分が乗らない日は、せっかくの予定がだいなしになってしまうこともあります。

　外見をさらに美しくする、絶対に確実な方法があります。そうです、真の美しさは体の内側から現れるのですが、内面の美しさを覆っている顔と体をきちんとお手入れし、栄養を与えなければいけません。家を買おうとしていて、今にも壊れそうな家を見たら、たいていの人は二の足を踏むでしょう。たとえ不動産仲介業者がどんなに骨格がしっかりしていると売り込んだとしても。

　俳優として学んだのは、外から内へと入ってくる自己表現もあるということです。偉大なる俳優、ローレンス・オリビエはまさにこのタイプでした。彼はスタニスラフスキー・メソッドを基礎とはせず、内から外へと自分のやり方を探し出そうとする俳優でした。シェイクスピアまで何百年とさかのぼる伝統を持つ格式ある英国の舞台の出身です。オリビエにとっては、外見を変えることは、いかにして自分の内面に近づけるかということでした。つまり、外側の殻こそが人間そのものなのです。また彼は、演技についての著書の中で、人物像を見つけるには、鼻を見つけることが重要であると書いています。オールドヴィック（ロンドンにあったシェイクスピア劇上演で有名な劇場）でリチャード３世を演じた時、（後に映画化される）彼はまず、模型用のパテで鼻を形作ることから始めたのです。このようなこだわりによって彼は役になりきることができたのでした。

　私は、ステージの上でも実生活でもこの経験をしました。ぴったりの靴が見つかるとほんとうに自分が変われるということを知らない女性がいるでしょうか？（シンデレラを見てください！）この靴のたとえ話は演劇界でもおなじみのものです。また、歩き方を見つ

けるのも役作りの大切な要素です。ぜひご自分でやってみてください。外に出て人々の歩き方を観察するのです。通りを歩く人々を後ろから見てください。おそらく、年齢、社会的地位、収入、そして自分自身をどうとらえているか、歩き方を見れば、推測できるはずです。だから、姿勢をよくすると、若々しく見えるのです。もうひとつの例が髪です。最近、優秀なスタイリストのヘア・モデルになる恩恵に預かり、すてきなエクステを付けてもらいました。明るい豊かなブロンドのロングヘアですっかり若くなった気がして、驚きでした。

　だから、外見に気を使うことは決して浅はかとは言えません。そうすることで、自分自身、そして他人に対して、自分は一体何者で、何が大切かに気づくきっかけになるからです。生まれ持った容姿や性質にかかわらず、それらを正しく認識すれば、自分を最高に見せる方法を知ることができます。自分の気に入らない部分をうまく隠すこともできます。何はともあれ、体、肌、髪、歯にできることが必ずあるのです。薄汚れた服を着ただらしない人を見ると、不安な気持ちになることがありますが、これは、きちんとした身だしなみが心身ともに健康な証拠だということを知っているからです。要はバランスです。外見に気を使うことは楽しく、創造的であるだけではなく、実際、芸術にもなりうるのです。

　多くの人々は自分の容姿に見切りをつけてしまいます。自分を古臭い概念で縛り、嫉妬したライバルや、批判的な権力者の否定的な言葉にこだわったりします。ありのままの姿を写真に撮られ、自分はいつもこんなふうに見えるのか、などと思い込んだりします。人は自分を卑下し、謙遜しようとすることがありますが、ネガティブで自己憐憫になるほうが、何か行動を起こすより容易だからでしょう。あるいは魅力的でないままでいようとするのは、見た目の美しさにケチをつけられるのが怖いからなのかもしれません。

　5歳の時、母親から言われた否定的な言葉を今でも忘れることができません。鏡に映った自分のかわいいおさげ髪にうっとり見とれていた私に、母は「うぬぼれるのはおやめ」と言いました。私は「うぬぼれって何？」と聞きました。それがよくないものだと子ども心に思いました。外見だけを気にする人にならないようにという母の教えは間違ってはいません。見た目の美しさが一番重要なものではないと母は私に教えようとしただけなのですが、私は外見に自信を持つことは悪いことだと解釈してしまいました。さらに、街で男性の集団に会うと、ひどく動揺し、なんとか気づかれないようにと願ってしまうのです。

しかし、実のところ、私たち女性のほうもまた、自分に対し、あれこれ品定めをしています。私が話す男性のほとんどが、棒っきれのような華奢な体つきよりもある程度健康的な女性のほうが好みだと言っています。それなのに、女性は往々にして、自分の、あるいはお互いの体を、情け容赦なく酷評します。歳を重ねるにつれて男性からきれいだと認められたりすることに、心からの敬意が感じられるようになりました。おそらく私自身が自分を大切にするようになったからだと思います。どんな服でも着こなせた時代が恋しくないとかその気持ちをごまかそうとして言っているわけではなく、今、私は昔とは正反対のことをして楽しんでいます。ノーメイクのまま、ヒールではなくサンダルをはいていますが、快適そのものです。

　自分のイメージに対して健全な自尊心を作り上げていくために、ゲーム感覚、あるいは創造的な練習として始めてみるとよいかもしれません。次に挙げる問題で、自分をどうとらえているかがわかり、そうすると、どうやって自分のイメージを広げ、さらに変えていくにはどうしたらよいかを解くための手がかりが得られるはずです。顔ヨガの、このイメージを形作る部分は演技の訓練だと考えてください。不変のものを選ぶことにとらわれる必要はなく、個性は自身の変化とともに変わっていく流動的なものなのです。むしろ、おめかしごっこが大好きだった子どもの頃の自分を思い出してみてください。（そんな子どもではなかった方は、今こそチャンス。楽しいですよ！）

象徴的な自画像

　次の問題に答えてください。上から順に、答えを書き留めていってください。あなただったら、どうなりますか？

　　建物だったら。

　　布地だったら。

　　色だったら。

　　食べ物だったら。

　　匂いだったら。

　　歌だったら。

街だったら。
動物だったら。
時代だったら。
言語だったら。
楽器だったら。
動作だったら。
化学物質だったら。
音だったら。
元素だったら。
芸術作品だったら。

あまり考えすぎず、さっと答えを書いてください。ありのままを書きましょう。全部の回答を一度見直したら、少し時間をかけてその選択に至った経緯を記録するか、誰かに話すかしてください。同じような表現が何度も出てきますか？　それともばらばらですか？

次にあなたの回答を大きな画用紙に描いたり、貼ったりしてください。それが象徴的自画像です。お好みなら、ファッション誌の編集者のように、掲示板に写真を貼り付けてもよいでしょう。自分自身を認める方法が気に入らないなら、それはあなたの精神が簡単に変われる場所にあるのです。自分が元気になるようなこと、自分がどうなりたいのか想像し、自分のイメージを蓄えた場所をうるおすのです。おそらく、十代の頃、あるいはもっと小さかった頃の自分の楽しげな写真をお持ちだと思います。今にも外に飛び出して遊ぼうとする、いまだ心の中に存在する子どもの頃の自分を思い出してみてください。その頃の写真を1、2週間、よく目にする場所に貼ります。それを見ていると、斬新な格好をして、おそらく、ふだんなら決して選ばないような色にチャレンジしてみたくなるかもしれません。

自己認識と感謝

自己認識は美しさを体験するすばらしい方法です。自分の中に美しさを見出し、その美

的価値を高めるようにしてください。精神は拡大鏡のような働きをします。心の焦点を合わせたところが大きくなっていくのです。持っているものへの感謝は、エネルギーを生み、さらに豊かになっていくという不思議な法則があります。自己肯定をしてみましょう。鏡を見て「私は今日も自分が大好きで、自分自身を受け入れる」と言ってみてください。もっと具体的に言ってもかまいません。笑顔や目など自分がどれだけ愛おしく思っているかを認めるのです。自己愛によってポジティブな考え方ができるようになり、よりプラスの評価も受けやすくなります。また、無私無欲で人に尽くすと、人生がよりたくさんのエネルギーで満たされるようになります。人への奉仕を実践する最高の方法のひとつが匿名で行うことです。毎日ひとつ、人知れず誰かのために何かをするようにしましょう。このようにあなたの行いが無私無欲になることで純粋なものになります。誰かに言いたくなるかもしれませんが、それでは自己顕示というエゴになってしまいます。エゴではなく、愛のために行いましょう。

　私たちは人を愛することで、内面の美しさを高めていきます。ボランティア活動には人を変える力があり、自意識を捨て、人を助けることができるのです。ボランティアをする機会はたくさんあります。地域の高齢者センターや動物の保護団体、ビッグブラザーズやビッグシスターズ（親のいない子どもたちの親代わりをしようとする市民組織）の活動、図書館での子どもの学習指導、読み聞かせ、ビーチや公園の清掃など。自分のまわりの世界を美化し、神聖な存在の美しさに共感しましょう。

● 健康維持

　健康維持は、創造や死に比べると、劇的にも派手なようにも見えませんが、実は日々の生活の大半を占めます。本書の最も重要な部分はまさにこの健康維持にあり、これこそが最も実感できる領域なのです。私たちは生まれる時、そして一般的には死ぬ時も選ぶことはできませんが、どのように日々を生きるかを選び、寿命を伸ばしたり縮めたりすることができます。健康維持は自分たちの健康や幸福のためだけでなく、周囲の世界、そして地球やその資源を大切にするものです。大切なことのために自分のエネルギーを蓄え、地球の資源は大事に使っていきましょう。

私たちの生が有益に、より高い目的に向かっていると感じると、体から光を放ち、神聖な美しさを体現するようになります。ヨガ哲学では、人の役に立つことは高みにある精神的な世界へと通じる道であると考えられています。自分がどういう人間で何をしていようとも、奉仕という観点から、仕事や人生に取り組んでいくのです。このような姿勢で人生を変えていきましょう。

　ヨガ道は、本質的に心を開くものです。あなたの中にある光輝く不変の自己は、常にそこにあり、本書で紹介したたくさんのエクササイズを行うことで、その自己へたどり着くのを待っています。心を開けば、愛する能力は増していきます。自分自身をより深く愛する時、私たちは周囲の世界すべてを存分に愛することができるのです。心の扉を開けて、永遠なる美しさを手に入れましょう。

　呼吸、声、さらにアーサナや顔のエクササイズを組み合わせたヨガを取り入れた顔ヨガの手法を実践すると、顔の緊張がほぐれ、顔や体の老化を防ぐことができます。けれども同じくらい重要なのは、これらの手法が輝くような心の美しさをあらわにすることであり、それこそがトータルビューティー、ほんとうの意味での永遠の若さなのです。

　幸せで内なる光に照らされた人の輝くような至福の顔は、ほんとうにまぶしいものです。あなたがほほ笑むと、それはまわりに伝わっていき、たちまちあなたの顔は明るくなります。もし心配や恐れの仮面を付けていれば、積極的になろうとする気持ちは即座に消えてしまいます。輝くような開かれた心によって、あなたの顔は透明感のある美しいものになり、それを見るすべての人々の心を明るくします。

・・・・

　人には愛想よく接しなさい。決して気難しい顔はしないこと。品のない大笑いや浮かない顔もしないように。ただ、ほほ笑み、楽しげにふるまい、人には親切にするのです。
パラマハンサ・ヨガナンダ＊
＊パラマハンサ・ヨガナンダ著作集「内なる像」より

監訳者あとがき

　人は誰でも歳を取ると、若かった頃のような肌の張りもうるおいもなくなってしまいます。とりわけストレスの多い現代社会において、こうしたストレスも体の不調や老化の原因の一つになっています。さらに、便利でおいしいけれども体にはよくない加工食品など老化を加速させるものに晒されているのです。そんな現代人のために、いつでも手軽に実践できる若返りのエクササイズがあれば、どんなにすばらしいことでしょう。そんな夢を叶えてくれるのがこの顔ヨガです。

　たいていの人は健康維持のため、運動して体を鍛えようとするのに、なぜか「顔を鍛える」という発想はあまりありません。顔の筋肉も体の他の部分の筋肉と同じで、鍛えなければたるんで張りがなくなるのは当然です。それを何とかカバーしようと、高い化粧品や美容器具などに頼っている方もおそらく多いのではないでしょうか。本書には顔を鍛え、いつまでも若々しさをキープするためのとっておきの秘訣が満載です。

　健康志向の人が増える中、日本でもヨガの人気はますます高まっていますが、顔ヨガはこうした人気のヨガと組み合わせて行う画期的なエクササイズなのです。それを編みだしたのがこの本の著者でありヨガインストラクターでもある Anellise Hagen です。彼女はニューヨークを拠点に精力的にヨガの指導にあたっています。ニューヨークセレブに人気というこの顔ヨガをぜひみなさんも体験してみてください。すでにヨガをされている方は、ご自分のライフスタイルの中に自然に取り入れることができるでしょう。またヨガの経験のない方でも基本的なヨガのポーズなど、簡単に実践できるものばかりなのでご安心ください。あまりストイックにならずに、自分のペースで自分に合ったものを選んで行うことができるというのも魅力です。無理なく自然に若々しさを取り戻すことができるでしょう。

　さらに、瞑想、指圧、肌のお手入れ、体にいい食べ物などの情報も日々の生活の中でとても参考になると思います。要は、バランスです。エクササイズだけでなく体の内面から変えていくことが大切なのです。「顔は心を映す鏡」と言われますが、まさにその通りで、心が穏やかで安定していると、それが自然と顔にも現れ表情が生き生きとして輝いてくるのです。いつまでも若々しい人は心も若々しいのです。体の中から元気になってナチュラルビューティをキープしていきましょう。

最後に、4名の翻訳者の方々、バベルプレスのみなさまのおかげで本書の出版に至ることができましたことを心より感謝いたします。そして、みなさまが健やかで穏やかな日々を送られますことをお祈りいたします。

　　　　　　　　　　　　　　　　　　　　　　　　　　　　監訳者　中原尚美

翻訳者略歴

上本幸世（うえもと　さちよ）

奈良県生まれ。龍谷大学理工学部卒。父は仏師。私のテーマは、心の健康、真の健康。

翻訳との出会いは、形而上学系の原書の読書を楽しんでいる時のひらめきから。言葉は媒体、翻訳も媒体、されど媒体。ヨガとの出会いは、古典・現代のダンサーをしていた時。筋肉のつきにくい、いつも貧血気味の私の身体の調整にヨガが助けになり、それ以上に、心や精神に効果がある、重いものが軽くなると感じていました。「顔ヨガ」は、顔（おもて）だけでなく、心に花を咲かせてくれるヒント満載で、この幸運な出会いに感謝です。

柴家直子（しばいえ　なおこ）

新潟県生まれ。青山学院大学文学部英米文学科卒。学校職員。

かなり前に翻訳の勉強をしていましたが、しばらく遠ざかっていました。ふと思い立ち、古巣に帰るような気持ちで、「顔ヨガ」のワークショップに参加させていただきました。そして長らく忘れていた翻訳の楽しさと苦しさを思い出しました。ヨガの奥深さにも感銘を受けました。本当にありがとうございました。

末崎三津子（すえざき　みつこ）

英語・英米文学科卒業。

教職につきながら翻訳の勉強をずっと続けてきました。五十代半ばより、顔のしわや目の下のたるみが気になり出し、いろいろやってみましたが改善されずに困っていました。そんな折この本に出会い、ワークショップに参加しました。

中山利野（なかやま　としの）

大阪市立大学文学部卒。主婦。バベル翻訳家養成講座「英語本科」「英語フィクション専科」修了。2006年12月バベルプレス社よりジュディ・ブルームの『一緒にいようよ！─ステファニーとふたりの親友』を翻訳出版。『メディカル　ヨガ─ヨガの処方箋』に

続いて2回目の共訳参加。

　顔の若返りに焦点を当てて、ヨガのすばらしい効用を解き明かした本書は、顔の若返りのみにとどまらず、体と心を健康に保つ秘訣も満載です。日々の実践で人生がもっと充実したものになるに違いありません。出会ったことにとても感謝しています。

監訳者略歴

中原尚美（なかはら　なおみ）
　西南学院大学文学部英文科卒業
　バベルの本科、英米文学翻訳講座修了後、専科インストラクターとして受講者の指導にあたる。その他、翻訳オーディションおよびコンテストの審査やバベル翻訳大学院（BUPST）修了作品の指導を行う。シャノン・ヘイルのベイヤーンシリーズ4部作『グース・ガール』『エナ』『ラゾ』『リン』、その他に『メディカルヨガ』を監訳。

The Yoga Face : Eliminate Wrinkles with the Ultimate Natural Facelift by Annelise Hagen
Copyright © 2007 by Annelise Hagen
Photography © Gene Moz
All rights reserved including the right of reproduction in whole or in part in any form.
This edition published by arrangement with Avery, an imprint of Penguin Publishing Group, a division of Penguin Random House LLC through Tuttle-Mori Agency, Inc., Tokyo

顔ヨガ
― しわやたるみが消える　究極の若返り術！ ―

発行日	2017年5月15日
著　者	アネリス・ハーゲン
翻訳者	上本幸世　柴家直子　末崎三津子　中山利野
監訳者	中原尚美
編集協力	吉瀧智
発行人	湯浅美代子
発行所	バベルプレス（株式会社バベル）
	〒180-0003
	東京都武蔵野市吉祥寺南町 2-13-18
	TEL 0422-24-8935
	FAX 0422-24-8932
振　替	00110-5-84057
装　丁	大日本法令印刷株式会社
印刷・製本	大日本法令印刷株式会社

定価はカバーに表示してあります。

©2017 BABEL Press Printed in Japan
落丁・乱丁本の場合は弊社制作部宛てにお送りください。
送料は弊社負担にてお取り替えいたします。
ISBN 978-4-89449-168-7